短篇小説講義

増補版

筒井康隆
Yasutaka Tsutsui

岩波新書
1792

短篇小説講義　増補版

目次

1

短篇小説の現況

阿部昭氏の『短編小説礼讃』という本がこの岩波新書の一冊として刊行され、ベストセラーになったのがきっかけで、短篇小説そのもののブームというのではなく、なぜか短篇小説という文芸ジャンルや形式についての取り沙汰や論議が活潑になり、それが二、三年続いた。文芸雑誌ではしばしば「短篇小説とは何か」といった特集が組まれ、作家たちのエッセイや、アンケートの返事などが掲載された。名作といわれている過去の短篇小説の再掲載による特集や「わたしの好きな短篇小説五篇」などといったアンケート特集が組まれたりもした。ぼく自身も、請われてそうした特集のひとつにエッセイを書いたりもし、そうしたことがぼくに、こうして短篇小説を再考させるきっかけになったのだった。

多くの作家がアンケートに応えてさまざまな短篇小説観を展開していたが、ぼくが興味を持ったのはそれらの中での田辺聖子氏の次のようなことばだった。「短篇小説というのは、よくできましたといって赤で三重丸をつけてあげたくなるようなものがやたらに多いので困ってしまう」

これはどういうことかというと、模範的な短篇小説が存在するという観念の一般化があり、田辺さんはそれを否定的に指摘しているのである。模範的な短篇小説が存在するということは、短篇小説を書く上での規範があるということだ。しかし、これはおかしなことである。短篇小説に限らず、小説というものは、いうまでもなく、何を、どのように書いてもいい自由な文学形式なのだ。意外に思われる読者もおられようが、実は小説というのは最も新しい文芸ジャンルなのである。小説以前から存在した詩や戯曲などの形式による拘束、それは即ち韻律だの三一致の法則(人物、場所、時間の一致。登場人物の数がある範囲内で一定であること。場所が一定であること。ある一定時間内に出来ごとが起り、終ること)だのといったものであるが、そうした形式上の束縛を嫌い、より自由に書こうとして生まれた文学形式こそが小説だった筈なのである。

それならなぜ今、小説作法の類の書物や、発言や、常識と称されるものや、コツと称されるものや、その他何やかやが巷間に満ちているのだろう。そしてそれらの中には特に、短篇小説を対象にしたものが多いように思われるのだが、これは何故だろう。

第一に言えることは、日本人の芸道好きの性向が、小説を芸道化しているという事実である。さらに小説を芸道化するにあたって、長篇小説よりは短篇小説の方が「お稽古」に適していたということもいえる。なぜなら短篇小説は、俳句だの短歌だの詩だの戯曲だのといった、小説以前から存在する比較的短い文学形式の作法をそのまま応用することができるから教えるのに楽であり、ばらばらに分解して、「起承転結」だの「伏線」だの「対応」だの「象徴」だのを拾い出して見せることが簡単にできた。たとえばドストエフスキイの「カラマーゾフの兄弟」でこれをやろうとしても無理である。そして何よりもまず、初めて小説を書こうとして、または小説家になろうとして書く方法のわからない者が、習作として最初に挑む形式が短篇小説だったからである。

こうした短篇小説のお稽古ごと化は、カルチュア・センターなどの創作講座やそれに類するものの隆盛によって、最近ますます進行しつつあるようだ。さらに文学新人賞の対象がほとんど短篇小説であり、これを選考した委員の選後評などが、最新の短篇小説作法として、いわば「最近の傾向と対策」といったかたちで受けとめられ、お稽古に拍車をかける。

こうしたことがはたして短篇小説の傑作の誕生につながるのだろうか。ここにひとつ、たいへん参考になる発言がある。ぼくの友人の八橋一郎氏は、長年朝日カルチュア・センターや文学学校で創作講座を持たれ、現在も関西の各地で小説志願の人たち多くを教えておられる優秀な実証主義の文芸評論家だ。このひとの門下生の中からは、主に女性の新人が輩出している。文芸誌の文学新人賞、女流文学新人賞などをとったひとが七、八人、最終候補まで残ったひとが十七、八人。これはたいへんな実績であって、現在その数はもっと増えているかもしれない。「しかしねえ」と、八橋氏は言うのである。「それくらいはなんでもないことで、誰にだってその程度までなら教えることができます。問題はそこから先なんですよ。新人賞をとってそれっきりというひとがほとんどで、大成するひとがいない」

芸道化した短篇小説作法がお手本にしているのは、当然のことだが古今の名作とされている短篇小説であり、ここから短篇小説の二極分裂が始まった。はるか高みには短篇小説の神様とされている作家たちによって書かれた古今の名作が存在し、地上にはそれらをお稽古ごとのように学ぼうとする多くの作家志望者がいる。そして実はその間で、現代小説としての短篇小説そのものは次第に衰弱しつつあるのだ。

多くの現代作家が短篇を書きたがらないように思えるのはなぜか。書いてもそれは、つまり短篇そのものは百枚、百二十枚、百五十枚と、次第に枚数が多くなってきているように思えるし、作家もできるだけ多い枚数を望んだりもするのだが、それはなぜか。結果的に、かつての二十枚以内の多くの名品を越える傑作がなかなか出ないが、これらはそもそも何に起因するのか。

短篇小説の掲載を中心にしている文芸雑誌の編集者の多くが現在こうした疑問を抱いていて、だからこそその解答を求めようとしての前記の特集やアンケートだったのであろうが、これらは必ずしも彼らがいささか自虐的に想像し結びつけている「原稿料の問題」にのみ帰するものではない。下世話な話題で恐縮だが、物価を考えれば以前に比べて相対的に安くなったとはいえ、どの雑誌の原稿料も短篇長篇一枚あたりの単価は同じ作家に対して同じの筈である。したがってこの問題はむしろ、小説のお稽古ごと化、芸道化の末に生まれた一種の極論、「短篇小説を書くのは長篇小説を書くよりもずっとむずかしい」という誤った考え方に由来するのではないだろうか。

事実、ぼく自身も含めて多くの作家がこうした常識にとりつかれ、支配されているし、作家をとり巻く文壇内外にもこうした常識は行き渡っていて、それがただちに短篇小説を書いた作家にはね返ってくるという現状がある。「長篇を書くと必ず何らかの形で評価されるが、短篇を書いても評価されることは少ない」「小うるさく時評で酷評されるだけで決して褒められない」、そして結果として「短篇を書くのはしんどい」「短篇を書くのは損だ」という結論に結びつくのである。因に、「読者が短篇を喜ばないから」「短篇集は売れず、なかなか本にしてもらえないから」という作家側からの言いわけは、一方で長篇よりも短篇集の方がよく売れ、読まれている作家が少数ながらも存在することによって成り立たない。

以上は現役の実作家としてのはなはだ形而下的な知識を披露したわけだが、一方評論家はというと、ポスト・モダンといった状況、文学理論の方ではポスト構造主義といった、文学のみならず社会全体を分析し批評する方法の発生と前後して、なかばは社会評論家でもあらねばならなくなったことから、自分たちにもその責任がある筈の短篇小説の衰退を理由づけねばならなくなり、「多くの枚数が費やされぬ限り、世界全体を捕捉することは不可能になった」という、またはそれに似た発言をくり返し、たとえそれが「長篇のさらなる長大化」のみを論じる文脈の中で使われた際でも、または「今や、いかに枚数を費やそうが、小説で世界を捕捉できるものではない」という文脈の中で使われた際でも、文壇内外の人たちに短篇小説の存在価値をなんとなく疑わせる効果があったのだろう、短篇小説を、単なる「お稽古ごと」とか、またはそのお手本とか、そしてバラエティの一部としての文芸雑誌に対するおつきあいといった地位にとどめ置くべきものという常識を行き渡らせてしまった。

それなら長篇小説は本当に世界全体を捕捉しなければならないものなのだろうか。ひと昔前、哲学は世界の全体像を捕捉する唯一の小径であると言われていた。やがて哲学が科学にとってかわられ、さらにテクノロジイに対する疑問が出てきて、世界を捕捉する道は閉ざされた筈である。それがなぜ今になって突然、長篇小説にのみ可能になったのだろうか。仮にそうであるとしても、なぜ作家が、哲学者や科学者に不可能になったことをやらねばならないのか。これは短篇小説作法の常識とされている「短篇小説は人生をすぱっと切った、その断面のようなものでなければならない」という言いかたとどれほど違うだろう。

最初に立ち戻るが、小説とは、何を、どのように書いてもよい自由な文学形式である。したがって長篇小説は別段「世界を捕捉」しなくてもよいし、短篇小説は「人生の断面」でなくてもよいことになる。「この長篇はかくも多くの枚数を費やしながら世界を捕捉しそこなってい

る」という一時期よく見かけた批評は、過去の「世界を捕捉できた」時代に書かれた、世界を捕捉したと言われる長篇をお手本にしてすべての長篇を見ようとしている芸道批評といえる。「人生の断面」を浮かびあがらせた過去の名短篇は、それ故に「名短篇」となった。だからといって現代の短篇すべてがそれをお手本にする必要はない。

このように、現在小説作法と言われているもののほとんどは方法論ではなく、体験論である。これはそうなるのが当然であり、そもそも小説というのは俳句だの短歌だの詩だの戯曲だのといった形式のすべてから自由になろうとして生まれた方法論不在の文芸ジャンルだったのだ。

短篇小説の場合、特にその作法がうんぬんされるのは、それが短い形式であるために、日本で好まれる私小説的な短篇などは、ともすれば韻律のない自由詩や身辺雑記の随筆などと区別がつかなくなり、また、意図するところも似てくるためで、いわばこれが世に短篇小説作法の満ちあふれる第二の原因となっている。しかしこれとて、小説があらゆる形式から自由になろうとしたジャンルである以上は、短篇小説であると同時に自由詩でもあるといった作品であってもかまわないということになる。ぼく自身が、ある評論の文中ただ一カ所に「これは小説だから」といった文を挿入しておき、雑誌掲載時には小説の扱いをしてもらい、その後この文章をエッセイ集の中に収録したことがある。そういうことをしても別段かまわないのであり、まさに随筆そのものといった文章の末尾で「これはすべて虚構である」といった意味のどんでん返しをうち、全体を短篇小説にしてしまうことも可能なのだ。

短篇小説という形式の外在律は、短いということだけだろう。「外在律」ということばは存在せず、辞書にも載っていないのだが、しばらくご勘弁願おう。短いということだけが形式であるとするとこれまた、ともすれば「短ければ短いほどよい」などといった芸道的解釈がなされやすく、そして実際にそういう主張もあるが、しかし実はこれすらどうでもいいことなのである。たしかに職業作家ともなれば、枚数制限という外在律があり、ついでに言うならこれに加えて締め切りなどといった下らないくだらない外在律もある。だが例えば十五枚、二十枚という傑作が山ほどあるとすれば六十枚、八十枚の傑作だって山ほどある。逆に言えば、短篇小説における外在律が、職業作家においてすらせいぜいその程度のことであるという認識を持つことの方がより重要であろう。

読者はすでに、「外在律」などということばを使ったぼくが、次いで「内在律」ということばを使うつもりだろうということを先刻ご推察の筈だ。「内在律」は近代詩の用語であり、韻律を捨てた自由詩の詩人が、それでもやはり心の中の天然自然のリズムを見出そうとして苦しんだところから生まれたことばである。しかしここでは「外在律」も「内在律」も、共に「律」を韻律の律、つまりリズムではなく、「形式を束縛するもの」だとか「掟」だとか、つまり法律の律の意味で使っていることをご承知願いたい。

さて、それでは、ほとんどの外在律から自由になり、短篇小説作法に類した書物をまったく読まず、名作とされている短篇小説からどのような影響も受けず、書きたいように書けば、よい短篇小説が書けるのだろうか。

これはもちろん、書ける筈がない。いやしくもこれから短篇小説を一篇書いてみようかというほどの人が、短篇小説作法に類する常識をまったく知らず、名作をひとつも読んでいないなどということはあり得ないから、どのように書こうが当然その影響は受ける。いかに自由に書いたように思っていても、書き上げた短篇を読み返すと必ず何らかの形式を伴っていて、否応なしに短篇としての首尾が整ってしまっているといった体験は、締め切りに追われ、ストーリイや結末をろくに考えぬまま書きはじめたという流行作家の多くが持っている体験と重なり合う。ちょっと不思議であり奇ッ怪なことと思えるのだが、実はこれが内在律の力なのである。

創作心理というものを考えると、どのようなジャンルであろうが、なんの内在律もなしに書ける文芸作品など、ちょっと考えられない。では、まだ近代小説というジャンルが確立されて間なしの、もちろん短篇小説作法などというものも存在しない時代、作家たちが短篇小説を書く上で内在律としていたものは何だったのだろう。現代にまで至っている短篇小説というものの形式を彼らに創造させ、確立させた内在律とはどんなものであったのだろう。他の文芸ジャンルの束縛を嫌って小説を書きはじめたのである以上、それが詩とか戯曲とかの作法と同じものであったとは考えにくいのだが、実はやっぱり、そうした既製のジャンルの方法論、あるいは絵画や音楽といった他の芸術ジャンルの方法論、またはもしかすると勃興期の自然科学の方法論の影響などを受けていたのだろうか。それともその時代、彼らはそもそも内在律などというものを持たず、まったく自由に短篇小説の方法を無から創造していったのだろうか。

今、ぼくにとって極めて重要なこれらの問題の答えを出すためには、もういちどその時代に書かれた短篇小説を、書くためのお手本としてではなく、ただ自分の鑑賞力だけを頼りに、虚心に読み返すことが最善の道ではないかと思う。ちょうど運よく三年前、岩波書店が文庫創刊六十年を記念して、各作家の短篇小説集六十点をセット販売した。そのうちの半分以上は、学生時代から現在にかけてすでに読んでいたものだったが、この機会にすべてを読み返してやろうと心に決めて入手した。もちろん名作とされ評価の定まっている作品はだいたい収録されているが、それはあくまで一部であり、そうでない作品の方が数にすればずっと多いわけである。

こうして多くヨーロッパの古典から読み返しはじめ、読み進めたのだったが、やがて、初読のものの中には現今のいわゆる短篇小説作法の枠からは大きくはずれたものがたくさんあることを発見した。名作という定評を受け、古典としてどこにでも必ず紹介されている短篇にいささか食傷していたぼくに、むしろこっちの方が名作ではないのかと思わせたのは実にそうしたいくつかの短篇小説だったのである。これらの短篇は、実は短篇小説というジャンルの発生後間もなしに書かれたものであるが故にこそ、こうして形式にとらわれることもなく、自由に書くことができたのではなかったか。だからこそぼくに、現代でもいまだに新鮮だと思わせることの感銘ではないのだろうか。

ではこうした短篇の作者たちに、それぞれの手法でこれらの作品を書かせた内在律とはいったい何だったのか。また短篇小説というジャンルが確立されたのちにおいても、それぞれの時代に、それぞれの手法で書いた作家は、短篇小説にどのような創作態度でのぞんでいたのか。

次章以降ではそれを考えるために、そうした中のいくつかの短篇をとりあげてご紹介するとともに、その後ほとんど誰も真似ることがなかったため、現代の短篇小説がとり逃がしているかに思えるさまざまな手法を探索していくことにしよう。

以後、各作品は岩波文庫版に拠り、訳文は同じくその翻訳者によるものである。書名及び翻訳者名は各章末尾に記すこととする。

2

ディケンズ

「ジョージ・シルヴァーマンの釈明」

「二都物語」や「クリスマス・キャロル」を書いたチャールズ・ディケンズは、長篇小説の作家として有名だが、そもそもは短篇小説の作家として出発した。さらに彼の長篇小説の中には「ピックウィック・クラブ遺文録」のように、作中の登場人物が物語るというかたちでいくつかの短篇が挿入されたりもしていて、実際にこの「ジョージ・シルヴァーマンの釈明」が収録されている岩波文庫『ディケンズ短篇集』の中の十一篇のうち五篇が、もともとは長篇の中に挿入されていた短篇なのである。

十八世紀ごろ、全盛をきわめた読み物に、ピカレスク・ロマンとかゴシック・ロマンとか呼ばれるものがあった。ピカレスク・ロマンは悪漢小説であり、東洋でいうなら「水滸伝」とか「白浪五人男」に相当しようか。悪人がたくさん登場する話である。ゴシック・ロマンはその主流を占めたのが怪奇、恐怖物語であり、たとえば西洋の古城を舞台に展開されるおどろおどろしい因縁話といったものが多い。これらの読み物ではしばしば、作中人物が物語るかたちで別の話が挿入されたのだが、どうやら短篇小説の発生はこの辺にあるのではないか。逆にいえば物語というものは本来、できるだけ長い方がよいのだとされ、その方がもてはやされたのではなかったか。短い話を挿入するというのも、いわば本筋をながびかせるための姑息で陳腐な手段だったようだ。つまり短篇以前に長篇があったわけで、小説としての短篇も、文学形式として独立したのが長篇小説よりもあとだったことはあきらかである。そして、このあたりがどうやら短篇小説の「人生断面論」や「より短い方が好ましい」といった変な常識の成因ではないかと勘ぐることもできるのである。

こうした形式をディケンズは踏襲し、応用したのだった。ディケンズが生まれたのは一八一二年、処女作の短篇小説を書いたのが一八三三年、まだまだピカレスク・ロマン、ゴシック・ロマンの影響力が多大な時期であった。長篇のエピソードとしての短篇にせよ、独立した短篇にせよ、ディケンズはその影響力から脱して新たに短篇小説という形式を確立させるために模索し、さまざまな実験を試みている。短篇小説が独立した文学形式として市民権を得るためのこの過渡期に、ディケンズはなくてはならぬ作家であったということができる。

さて、ここでとりあげる「ジョージ・シルヴァーマンの釈明」は、長篇に挿入されたものではなく、最初から独立した短篇小説として書かれたものである。本国のイギリスに先立ってアメリカの月刊雑誌『アトランティック・マンスリー』一八六八年一、二、三月号に分載された。ディケンズの死んだのが一八七〇年だから、死の前前年ということになるが、このころディケンズはもはや押しも押されもせぬ大流行作家であって、前記『アトランティック・マンスリー』初出発表の一件からも、アメリカの読書大衆ですらディケンズの新作を待ちかねている状態だったらしいことが容易に推察できる。

十九世紀は一般大衆教育で文盲者が減少した上に印刷技術が発達し、雑誌の読者が増大した。ディケンズが流行作家になったのも、そうした読者が雑誌に掲載される彼の新作を争うようにして読んだからである。ディケンズ自身も雑誌の編集に興味を持ち、何度か編集長を務めている。「ジョージ・シルヴァーマンの釈明」も、自身編集長を務めていたロンドン出版の週刊誌『一年じゅう』に、『アトランティック・マンスリー』掲載と前後して同年二月一、十五、二十九日号に分載された。

すでにベストセラーを何度も出しているほどの流行作家なのだから、雑誌の編集などしなくてもいいのにと思うのだが、どうやら雑誌の編集には金銭を度外視したディケンズの思い入れと執着があったらしい。自分で週刊雑文集『ハンフリー親方の時計』などといったものを出版してそこに短篇小説を発表したり、自身編集長を務める雑誌に長篇小説を連載したり、短篇小説を掲載したり、エッセイの類を書いたりしているのである。もちろん他の雑誌からも執筆依頼がくる。たいへんないそがしさであっただろうことが想像できるのである。そうした中で「ジョージ・シルヴァーマンの釈明」は書かれたのだった。

第一章は次のように書き出されている。

事の起こりはこんなふうだった。

――だけど、この文章をもういっぺん見つめ直し、そこから次に続く言葉の手がかりを得ることもなく、手にペンを握ってじっと坐っていると、これは唐突な書き出しのように思えてくる。けれどもこれを残しておけば、自分の釈明の書き出しがどんなに厄介《やっかい》なものか、自覚していることを匂わせるには役立つかも知れない。

つまり、自分の釈明をしようとしているこの話の語り手、即ちジョージ・シルヴァーマンが、しきりに書き出しを気にしているのである。もっと気のきいた書き出しはないかと悩んでいる。そして第二章である。第二章もやっぱり同じ書き出しであり、これは別の書き出しにするつもりが、やっぱり同じになってしまったのである。語り手もそれで驚いている。

……

それというのも、じつを言えばぼくの意図は、最初思案していた書き出しをやめにして、ぼくの人生の発端にさかのぼって説明を始めることで、ぜんぜん種類の違う別の書き出しにするつもりであったからだ。この二度目の失敗を抹消せずにぼくは三度目に挑むことにする。それは心であれ、頭脳であれ、どれ一つでも自分の弱さを匿《かく》しだてするのは、ぼくの意向にそぐわないと言いたいからなのだ。

……

で、第三章となる。まだ、いささか書き出しに戸惑っている様子が見える。

……

今のところはまだどんなふうに事が起きたのかじかに当たらないで、だんだんとそこに近づいていきたい。結局自然の成り行きのままに、ということだ。なぜって、まさに自然の成り行きに従って、事がぼくに及んできたのだから。

そしてやっと身の上話が始まるのである。

書き出しの、このためらいは何ごとであろう、と、通常は誰でもそう思う。そしてこれは、おそらく作者ディケンズの意図であろうと想像する。

そうであるとも言えるし、そうではないのかもしれない、と、ぼくは思う。というのもそれは、ディケンズの天才と彼の流行作家ぶりを考えてのことだ。このためらいは、実はディケンズ自身の、ほんとに書き出しに苦しんでのためらいではないのか。

とんでもない、と、教養主義的な文学者なら言うかもしれない。ディケンズともあろうものが、さんざ苦しみ、ためらった書き出しをそのまま残しておいたりするような、そんないい加減なことをするわけがないではないか。

しかし流行作家の中には、書き出しに苦しんだ末、とにかくなんでもいいから第一行めを書いてしまうというひとがいる。辻褄あわせは書いているうちに思いつくだろうというので、おかしなことを書いてしまったことに気がついても滅多に書きなおさない。そして事実、なんとか無理やり辻褄あわせをした結果、かえって筋立てが複雑になったり、物語にふくらみが出たりといったような思いがけない効果が生まれる場合もあるのだ。

お前は自分がそんないい加減なことをする作家であるが故に、ディケンズまで同じレベルに引きずりおろしているのだろうと言われるかもしれない。しかしぼく自身はそのようなことのできる天才ではないし、さほど多忙な流行作家でもないので、通常は、少なくとも書き出しだけは結末まできちんと考えた上で書き出すようにしている。しかし書いている途中で、実にいい加減なことを書いてしまうことはしばしばあり、これは小説というもののエクリチュールの上では避けられぬことではないだろうか。むしろ小説には「アポリア」と呼ばれたりもする、そうしたいい加減な部分というものが大切であり、重要でもあるのだ。作家の無意識から噴出したそういう部分があってこその、詩でも戯曲でも論文でもない、小説という文芸ジャンルの特異性ではないのか。

ところが完成された作品から見たとき、このいい加減さというものからいちばん遠いところにいるのがディケンズなのである。大衆作家としてのディケンズは、読者の秩序冀求《ききゅう》というものをよく心得ており、物語の細部にいたるまで、デカダンスと思えるほどの辻褄あわせをした作家であった。結果として会話の端ばしまでが伏線であったということになり、読者を感心させ喜ばせたのだったが、はたしてこれがほんとうに緻密な計算だけによるものであったのかどうか。

たとえば長篇「荒涼館」などにおける緻密な構成など、到底、いい加減に書かれた各部分に対して辻褄あわせを施していった結果だとは思えないという意見もあろう。だがぼくには、それがディケンズという天才ならば可能であったと想像できるのである。もちろん最初から伏線として書かれたであろう部分の存在も否定はしないが、長篇を連載しながら短篇やエッセイを書き、その一方で編集長としての仕事を、片手間仕事としてではなくこなすくらい多忙だったディケンズが、たとえばあの「荒涼館」の構成を、伏線のひとつひとつにいたるまで綿密にノートしていた、または頭の中にメモしていたとはとても考えられない。逆に、もしそんなことをしていたとしたら、あの「荒涼館」における膨大な数の登場人物の配置によって社会的に大きく拡がる重層的で複雑な構成はとても不可能であったろうとさえ思えるのだ。作家というのは無意識から発生したアポリア各個の芸術的意味を信じ、あとからあとから細部に意味づけ、辻褄あわせを施していくという、画家のそれに似た作業をすることがある。こんな説明ではなかなか納得してもらえないだろうが、ほとんどの作家にとってこれは事実なのだ。
さて話は「ジョージ・シルヴァーマンの釈明」に戻る。ではなぜディケンズは、書き出しに迷う必然が、または迷ってみせる必要があったのだろう。話そのものはたしかにややこしく、明快さを拒む部分を多分に持っている。ディケンズ、またはジョージ・シルヴァーマンが書き出しに悩んでも無理はないと思える内容である。

ぼくの両親は惨《みじ》めな暮らし向きをしていた。だからプレストンで過ごした子どもの頃の家は地下室だった。上の歩道をおやじがランカシャーの木底靴で踏みならす音を今でもぼくは思い出す。それはぼくの幼い耳には他のどの木底靴の音とも違って響いた。それから地下室の階段をおふくろが降りてくるときには、はたしてその足もとに上機嫌の色が見えるだろうか、不機嫌の色が見えるだろうか——膝には——腰には、とおののきながらぼくはじっと観察して、そしてとうとう顔が見えてくると、この問題は一件落着ということになったのを思い出す。ここから、ぼくが臆病だったということ、地下室の階段が急だった

……ということ、それに出入り口の位置が非常に低かったということが察してもらえるだろう。

主人公のジョージ・シルヴァーマンはそんな家に住む貧困家庭の子供で、多くの時間この地下室に閉じこめられ、教育を受けることもなかった。この地下室で両親が前後して死んでしまったのち、何日か飲まず食わずでいたこの子を近隣の人びとや警官が発見する。

この子をどうするかと協議する人びとの前に、やや偽善的な紳士が進み出て、この子には祖父がいたが、そっちもちょうど死んだところで、自分はそのわずかな遺産の管理を引き受けていると発言する。主人公は紳士に眼を向け、がつがつとして訊ねる。「おじいさんの家屋敷はどこにあるの」

「はあ、墓場に片足をつっこみながら、すごく世故にたけてるもんだね」紳士はいささか機嫌を損ねる。

実はこのジョージ・シルヴァーマン、それまでにも母親から「世故《せこ》いガキだ」と言われ続けてきたのだった。貧困ゆえに欲望が旺盛だったから、自分でもおのれの「世故さ」はよく承知していた。事実、母親が家屋敷を相続するかもしれないおじいさんのことはそれまでにも聞かされていて、おじいさんが死んだら、などと世故い想像をしてもいたのだった。

以後、ジョージ・シルヴァーマンは孤児として農家の世話になったり、給費生として大学に進んだりするのだが、その間にもいろいろな事件があり、彼は皆から、心に「ずきずき突き刺さってくる」世故いガキだということばを浴びせられ続け、やがて世故いと言われることを恐れるようになる。この作品に頻出する「世故い」ということばには単に「狡猾な」とか「厚顔な」とかの意味のみではなく、本来の「世間智にたけた」という意味も含めねばなるまい。二度と「世故い」などとは言われぬようにというので、世故さから遠い職業、つまり聖職者への道を、後見人のすすめなどもあってジョージ・シルヴァーマンは選ぶ。もちろんそれ以前、給費生であった頃から教会には通っていて、「信徒のブラザーやシスターといえども」「他の人間どもと変ることのない悪党であって」「その長たらしい説教、度をはずしたうぬぼれ、厚顔無恥、そして天と地の最高支配者である神に自分たちの哀れな卑しさと浅ましさを強調していい子になろうとする図々しさに」「大ショックを受け」てはいたのだが、「この人たちの尊さがわからない根本的原因は、ぼくが子ども時代「世故いガキ」だったことにあるのではないかと、自分に問いつめ拷問の苦しみをなめた」のち、さらにこの教会で、まだ「世故にたけた」心が残っていたために行ったちょっとしたことで後見人たちからさんざいやな目に遭わされながらも、「世故にたけた心がわずかでも頭をもたげかかるのを抑え」て勉強したため、優秀な成績で学位をとり牧師に任命される。また、後輩たちの個人指導教師を務めることで指導力を認められたりもする。

個人指導を務めた学生のひとりが、准男爵未亡人フェアウェイ夫人の次男だった。聖職推薦権を持っている夫人は、聖職禄を受けられるよう北デヴォンシャーの牧師の口に推薦するかわりに、家の会計や書状書きなどのこまごました雑用を手伝ってほしい、さらに娘の勉強も見てやってほしいとジョージ・シルヴァーマンに申し出る。もちろんジョージ・シルヴァーマンはこれを快く引き受ける。

この、フェアウェイ夫人の娘アデリーナをジョージ・シルヴァーマンは愛してしまうのである。アデリーナもジョージ・シルヴァーマンを愛し、それを口にする。しかし、彼女との結婚を考えるなど「途方もない冒瀆行為に思えてならなかった」ため、「どんな犠牲を払ってもこの点では世故にたけてはならない」「この神聖な問題ではことさら努力しなくてはいけない」と決意する。そこでもうひとりの教え子、グランヴィル・ウォートンという頭のいい美青年を、アデリーナと結びあわせることにした。

ジョージ・シルヴァーマンはアデリーナが自分をあきらめるように仕向ける一方で、グランヴィルとアデリーナが愛しあうように画策する。やがてグランヴィルとアデリーナは「手に手をとって」ジョージ・シルヴァーマンの前に現れ、「どうか結婚させてくれるようにとぼくに頼んで」くる。フェアウェイ夫人が、「動産不動産、金銭の交換取引以外のいかなる結婚にも反対を唱えるだろうと」いうことがわかっているので、ジョージ・シルヴァーマンはふたりの結婚式を内密でとり行う。

これを知ったフェアウェイ夫人はたいへん憤って、ジョージ・シルヴァーマンを罵倒する。「あなたって人は世故にたけた恥知らずね」思いもよらない叱責である。「引きかえにあの男から何をもらったの」「アデリーナの財産のうちあなたの取り分はいくらなの」「身に覚えのない」言いがかりにジョージ・シルヴァーマンは「あきれ返り、呆然《ぼうぜん》と」なる。フェアウェイ夫人は罵るうちにますます怒りがこみあげてきて、ついにはジョージ・シルヴァーマンを聖職禄から辞任させると言い出す。

「たいへんな騒ぎが引き起こされ、主教に訴えがなされて」ジョージ・シルヴァーマンは

「厳しい懲戒処分を受け」るが、聖職剥奪だけは免れる。この短篇は、「辺鄙《へんぴ》な地にある大学」にやってきたジョージ・シルヴァーマンが、自分自身の「心の安堵《あんど》を得るために」この釈明を書いているというところで終わっている。

読み終わった読者には、疑いが残る。「世故い」ジョージ・シルヴァーマンが一人称で書いたこの釈明は、本当に信用できるのだろうか。実はこの釈明自身が「世故い」言いわけに過ぎないのであり、ジョージ・シルヴァーマンとは、実はやっぱり結末の如き処分を受けて当然の人間だったのではなかったのだろうか。ここには真実のみが語られているのだろうか。仮に、実際に起こったことしか書かれていないにしても、読者に対して巧みに隠されていることがあるのではないか。実際にも、何やら韜晦《とうかい》がなされているらしい文章がほの見えるのだ。

ここで、冒頭における書き出しの戸惑いが生きてくるのである。効果的に釈明し、誰にも裏を見透かされないためにはどのように書き出せばいいかとジョージ・シルヴァーマンが迷っているように読者には感じられるからだ。これがもしディケンズによる、書き出しの苦しみやためらいを正当化する技巧であったとすれば、それはみごとに成功していると言えるだろうし、それどころか何よりもそれはディケンズの天才ぶりを示すものと言ってよい。

そしてもうひとつの解釈、つまり何もかも計算され、結末まで考え尽くしての「書き出しのためらい」であったとすれば、これまたやはりディケンズの天才ぶりを示すものであると言える。主人公の戸惑いなのか作者の苦しみなのか判然としないこの書き出しは、極めて現代的なものだ。さまようディスクールとか、ためらうテクストとか、エクリチュールの混乱とか、現代文学理論用語でならどうにでも言えるだろうが、主人公または作者がその作品の中でながながと書きかたに困っているというのは、その必然性が明確にされたとき、とてつもない面白みを滲み出させるものである。だからこそ、単に読者を物語世界へ引きずりこむ常套的な技巧としてなら、「さて、どう書き出せばよいか」といったためらいはディケンズ以前の作家もやっているし、作者が途中で書きかたに困ったりするのは現代でならむしろ使い古された陳腐なギャグとして濫用されてもいるのだが、これらはすべて必然性に乏しく、作品の奥行きを深めるどころか浅薄にする役にしか立っていないのが普通である。

どちらにしろこれは、流行作家でありながらすべての作品に一定の芸術的水準を維持し得たディケンズの天才によってはじめてなし得た技であったと言えるだろう。それが作者のものか主人公のものかよくわからないこの書き出しのためらいは、この種の技法の中で重層的な面白さ、ロラン・バルトの謂う「縦の快楽」とか「垂直の大騒ぎ」とかいったものを作品にあたえた最初のものであっただろうと思う。効果的な新しい技法は偶然生まれることが多いが、その偶然もある必然性によって、天才もしくはたいへんな努力の末でなければ生まれることはないのである。

(『ディケンズ短篇集』小池滋・石塚裕子訳)

3

ホフマン

「隅の窓」

嘘かまことか、夏目漱石が「我輩は猫である」を書くヒントにしたなどと噂されている長篇「牡猫ムルの人生観」や、短篇「砂男」や、さらには映画にもなった歌劇「ホフマン物語」やバレエ「コッペリア」などで名をよく知られているE・T・A・ホフマンは、一七七六年にドイツ、東プロシアのケーニヒスベルクで生まれている。

むろんゴシック・ロマン全盛期であり、ホフマンもこの影響を大きく受けているばかりでなく、自身、マニエリスムと呼ばれているそうした怪奇幻想文学の、近代ドイツにおける巨匠でもあった。

ただ、ホフマンを怪奇幻想文学の系統のみに位置づけるのは片手落ちであり、一方で彼は自他ともに認める後期ロマン派の文学者でもあった。ドイツロマン派というのは近代短篇小説の発生にとってたいへん重要な役割を果たしているから、ちょっと勉強しておくことにする。

十八世紀の末に現れたドイツの前期ロマン派は、小説こそが文学の最高の形式であるという、まだ詩や戯曲が主流であった当時としてはたいへん過激な主張をした。小説はすべての人間生活を包含するものであって、だからそれまでの文学形式はおろか、絵画、建築、音楽などの限界にさえ縛られず、自由自在な表現をしなければならないという、ぼくにとっては現代の小説に対してなされたとしてもいっこうにおかしくないと思える主張である。その意味で、最大限に空想の自由が許されるメルヘン(童話)こそが文学形式の模範であるとされたのだったが、これも筆者寄りに考えれば現代で多くの小説がSF的手法を持ちはじめていることをアナロジイ的に連想してしまうのである。

こうした主張を受け継いだのが後期ロマン派であり、その中からグリム兄弟やホフマンが現れたのだった。また、同じ後期ロマン派に属しているハインリッヒ・フォン・クライストは、本来戯曲作家だったが、一方で短篇小説も書き、ドイツ短篇小説の創始者とも言われている。つまりホフマンはそのような短篇小説の勃興期に多くの短篇小説を書いたのであり、したがって彼自身もまた短篇小説の開拓者だったということが言えるのだ。

ホフマンというのは実に多才な人で、作曲をしたり、指揮者を務めたり、音楽批評をしたり、絵を描いたりという、いわば芸術に対して全方位性を持っているタイプの作家だったのだが、それにとどまらず、そもそも生活していくための本職としてはケーニヒスベルク大学の法科を卒業後、判事を務めたし、一方で劇場監督を務めたことさえあるというから、実務にもすぐれていたのであろう。『ホフマン短篇集』の編訳者・池内紀氏によれば「いずれにおいても人並みすぐれてやってのけた」そうである。ただし大酒飲みで、あちこちのカフェや居酒屋にずいぶん借金をしていたらしい。また、小説を書きはじめたのは三十歳を過ぎてからだったという。

ホフマンが死んだのは一八二二年、四十六歳の時で、短篇「隅の窓」が書かれたのも一八二二年。つまりこれは彼の最後の作品なのである。過度の飲酒が祟ったのか、彼は病弱で、晩年はずっと寝たままであった。「隅の窓」が書かれた時も脊椎カリエスのため立つことができず、肘掛椅子にすわったまま、窓の下のベルリンの広場を眺め、群衆を見て楽しんでいたらしい。「隅の窓」にはそうしたホフマン自身の姿がそのまま、客観的に描かれている。

……………

私の従兄《いとこ》はかわいそうに、有名なスカロンと同じ悲運にみまわれた。あのスカロンと同じく悪性の病いのために両足の自由を失ったのである。そのため寝台からクッションつきの肘掛椅子《ひじかけいす》に移るにも、またその肘掛椅子からベッドにもどるにも、味けない松葉杖が必要だったし、いざというとき看護人に早変わりする兵士あがりの不愛想な介添人のたくましい腕をかりなくてはならなくなった。

以下、語り手の「私」の口を借りて、ホフマン自身と重なりあう「従兄」の様子が描写されていくのだが、さらにまた次の描写なども現実のホフマンの状態そのままである。評判のよい作家である従兄は、衰弱のために創造力が枯渇したことを自覚し、気落ちして、しばらくは従弟である「私」をはじめ誰にも会おうとしなくなる。

言い忘れていたが、私の従兄は狭くて天井の低い屋根裏部屋に住んでいる。(略)かてくわえて従兄の住居は、この首都にあってとびきりの場所にあった。つまり市《いち》のたつ広場に面しており、広場の周囲には美しい建物がたちならび、(略)そんな広場の隅にあって、小部屋の窓からはひろやかな広場のパノラマを見はるかすことができた。

ちょうど市がたつ日のことだった。私は雑踏を押し分けながら通りを下ってきた。遠くからでも従兄の部屋の窓がみえた。驚いたことに従兄が元気だったころ、いつも頭にのせていた赤い帽子が窓辺にみえた。それぱかりではない！　なおも近づいて気がついたが、従兄ときたら、ゆったりしたワルシャワ風のガウンを着こみ、トルコ式日曜パイプというやつでタバコを吹かしさえしているのだ。

…………………………

ホフマン自身もまた赤い帽子をかぶり、ワルシャワ風のガウンを着てトルコ・パイプを手に持っていたらしい。

喜んだ「私」がいそいで従兄の部屋へ入っていくと、ベッドの天蓋にこんな言葉をラテン語で大書した紙がとめてある。

…………………………

「タトエ今ハ酷《ムゴ》イトシテモ、イツマデデモ酷イママニ続キハシナイ」

こういったすべてが立ちもどってきた希望を告げていた。従兄のなかでふたたび生命力がめざめたにちがいなかった。

ベッドの上の紙に書かれたラテン語のモットーは、ホフマン自身のモットーであったという。そしてさらに「従兄」は、やってきた「私」に向かって、窓から広場の雑踏を眺めることによって「片ときも休まないこの世の営みと友情を結んだような気がする」と打ち明ける。ゆたかな空想の力が作家に蘇ってきたのだった。

ここまで読んだ読者は、この作品がホフマンのそれまでの怪奇性や幻想味の強い小説ではないことや、こうした作品中の「従兄」と現実のホフマンとの重なり合う部分を発見して、これこそ余命幾ばくもないホフマンが、この作品を書いたいきさつを作者自ら告白している部分なのであろうと判断するかもしれない。しかし作家というのはそれほど単純なものではないのだ。むしろここでは、重い病いに冒されていながらその病いさえ創作に利用してしまうホフマンのしたたかさに驚くべきではないだろうか。

そう考えられるヒントはこの作品の冒頭にある。「有名なスカロン」というのは、一七九〇年代に出たカール・クレッチュマンという作家の書いた小説「窓辺のスカロン」の主人公のことである。ホフマンと同じく不治の病いに冒されて手足の自由を失ったスカロンが、窓から往来を眺めて諧謔まじりの辛辣な人間観察を展開するという話であり、当然ホフマンの頭にはこの小説のことが「隅の窓」執筆（口述筆記であったというが）以前からあった筈である。幻想味も怪奇性もない、それまでとはまったく異なったタイプのこの短篇を書こうという思いつきに、「窓辺のスカロン」の存在がひと役買っていたであろうことは充分想像できる。

さらにホフマンは、冒頭の文章によって、先行する作品としての「窓辺のスカロン」に敬意は表しながらも、人間観察や、その描写や、観察した人間の日常生活を想像し、描写することにかけて、自分には「窓辺のスカロン」を越す作品が書ける筈だという大きな自信があったに違いないのだ。さもなくば先行作品があるという指摘や、その先行作品に劣るという評価を得るかもしれぬ危険をおかしてまで、類似の作品を書こうとする筈がないのである。

そうしたホフマンの自信の正しさは、以下の、「私」と「従兄」の対話体による、時にはホフマンの大好きな望遠鏡を使ったりもして窓から眺めた都市の住民たちの描写であきらかになる。

……………………

従兄　（略）作家修業の第一課はなにか。君の従兄ぎみ、いざりの貴公子のおあとに従うとよろしい。つまり、ものを見る目を養うことだね。君の目にはこの広場は、せわしない人々が意味もなく右往左往しているばかりで、ごたごたしたわけのわからない混沌としかうつらない。ね、君、そうだろう。ところがぼくにとっては、世の中の生活のありとあらゆる情景が一杯つまっているんだな。

従兄のこの訓戒じみたおしゃべりが、ホフマンの描写力、想像力のなみなみならぬ自信をうかがわせている。

従兄　(略)では、まず、正面の下の通りを見てみたまえ。ほら、ぼくの望遠鏡を使ってさ。少々変てこな服装の女が見えないかね。大きな買物籠《かご》をさげて、ブラシ職人と談判している。食物以外の買物は手っとりばやく片づけようというつもりらしい。

私　うん。見えた。フランス風というのかね。派手な黄色いネッカチーフを巻くようにして頭につけている。顔だちからも身体つきからも、あきらかにフランス女だぜ。たぶん、先の戦争の居残り者だね、こちらで金づるにでもありついたのだろう。

従兄　まずもってそんなところだ。おそらく旦那はフランスの会社のご当地支配人、実……入りがいい。そうでなくちゃあ、あんなにとびきりの品で買物籠を一杯にはできまいさ。

と、いった調子で、対話体による軽さと飛躍を伴いながら、群衆ひとりひとりの観察と描写が行われ、それらの人物間の確執や反目や愛情が速断され、想像は彼らの家庭、つまり家屋敷や家族にまで及んでいく。この対話体はまた、「従兄」の想像がふくらみ過ぎると「私」が水をさして話を現実にひき戻すという効果も持っている。

……………………………

私　全部が全部、君の空想なんだろう。出たらめにちがいないさ。それは十分わかっているんだが、描写がこまかなせいもあって、あのご両人を眺めていると今の話のとおりのように思えてくるのが奇妙じゃないか。

またこの対話体は主に「私」の口を借りた人物描写のあと、「従兄」の想像がつけ加えられるという二段構えになっていて、その想像を「私」が否定したり嫌ったりすれば「従兄」がそれを修正したり第二案を出したりするなどの、いわば想像の重層性を生み出すかたちになってもいる。たとえば、料理の材料を買いあさっている痩せた背の高い男に関して、ふたりの対話は次のように展開する。

従兄　あの奇妙な男が何ものなのか、さっぱりわからない――どうだろう、仮の話だけど、どこかの学校で教えていて今もなお教えている年寄りの絵の教師じゃなかろうか。いろいろ事業に投資して結構な実入りがある。けちで疑り深くて、いやらしいまでの根性曲がりで、根っからのやもめ暮らし。人生をただ一つの神に捧げたも同然なんだな、つまり腹ね、食欲にさ――食べるのだけがこの世のたのしみ、それも自分の部屋で食べなきゃならない。市の立つ日にどっさり買い入れ、みすぼらしい小部屋の隣りの台所で自分で料理する。召使も女中もいないんだからね。この料理人は主人の口に合うように料理するし、主人も残らずパクついて平らげようさ。ね、君、気がついたろう、古い絵具箱を実に上手に買物籠用に改良していたじゃないか。

私　いやな男だね。もういいよ。

従兄　どうしていやな男なの？　よく言われるようにこの世は人さまざまであって、人間ほど変化に富んで面白いものはないもんだ。もし今の仮定が気に入らないとすれば、こんなのはどうだろう、四人のフランス人がいた。そろいもそろって全員がパリっ子、フランス語教師とフェンシング教師とダンス教師と菓子職人の四人がそろってベルリンにやってきた。みんな若かった。(前世紀の終わりごろの話でね)、(略)四人はパリを発つとき誓いあっていたんだな、四人組の友情を結び、その固い友情を結びあったまま、めでたく齢をとった。

と、いった具合に、想像の物語はパリだの、数十年の過去だの、時間空間を自由自在に飛翔するのである。

群衆をはじめ、市井の人びと、点景人物、ほんのわずかに登場する人物などの短い適確な描写、それらの人びとの外観からうかがえるほんのちょっとした特徴からの連想、こうしたことはみな、ホフマンのすべての作品について言えることであった。ただ、怪奇幻想小説やその他の長篇の中では、こうした特徴は、この世ならぬ出来ごとや矢継ぎ早のストーリイ展開の中に呑み込まれてしまい、さほどの効果も示せぬままに埋もれてしまっている。ホフマンの、類型ではなく、典型としての人物を造形する力は、この作品で最大に発揮されているといえよう。「隅の窓」において、事件というほどの事件は最後まで起らない。市でちょっとした諍《いさか》いがあり、それを契機に「私」と「従兄」が、以前もっと大きな喧嘩があり、警察が来るまでの間に群衆によって仲裁されてしまったことを話題にし、「民衆のなかには保持すべき秩序へのセンスがそなわっている」という結論を出したりする程度である。それ以外の部分はすべて、人物描写とその人物の過去や日常の想像ばかりなのだ。これはまさに何を書いてもかまわない「小説」の自由さを、その作家が置かれている本来は不利な立場に、極めて有利に応用した例ではあるまいか。そうしたホフマン自身の病いや、または「窓辺のスカロン」という先行作品の存在など、偶然の要素もあったとはいえ、それでもホフマン自身に「小説の自由さ」を謳歌する後期ロマン派の作家としての自覚、認識、主張がなければ生まれなかった筈の傑作だったのではあるまいか。

さらにこの作品には現代に通じる新しさがある。ちょっと見ただけの人物を辛辣に批評し、そこからさまざまな想像を過激に働かせて類型や典型を造形してしまうというのは、現代でももっとも新しいギャグとしてスタンダップ・コメディなどによく使われるネタであることは、たとえばウディ・アレンのユダヤ・ジョーク、タモリのブラック・ジョークなどでご存じの通りである。一例をあげるなら、ある種の女の子の日常生活というタモリのギャグがある。朝は野菜サラダで「お野菜はからだにいいのよ」が口ぐせ。本棚にあるのは婦人雑誌で、本は五木寛之だけ。ギターを持っているが、知っているコードはCとGとDマイナーのみ。それだけでどんな曲でもやってしまう。庭に小さな芝生があればときどきはだしで庭に出て、スローモーションで踊りまわるといった按配。文学においてこの種のユーモアは、わが国では前記した夏目漱石「我輩は猫である」に代表的だが、まだまだ軽視されているといってよいだろう。

ホフマンにあってこうしたユーモア、池内紀氏言うところの「虚栄心や権力欲やエゴイズムがみせつける滑稽な姿を手にとるように描きとめる軽妙な語り口」といった手法は、たとえば冒頭に記した長篇「牡猫ムルの人生観」などに顕著だが、やはりそうした手法そのものがテーマでもあるこの「隅の窓」で最も効果的に発揮されていると言えよう。また、先に述べた、この短篇の大部分を占める対話体も、ホフマンお得意の手法であり、一方に飛躍し勝ちな幻想家、一方にリアリストを配置して平衡と重層性を保つ方法は他のいくつかの作品にも見られることである。そう考えていくとこの作品の、観察、描写、想像といった側面にせよ、また諷刺、ユーモアの側面にせよ、対話体による効果にせよ、いずれもホフマンが病いに冒されて寝たきりとなり、怪奇幻想に向かうべき興味や想像力をたまたま自分の身のまわりに向けたからこその成果であったということが言えるのではないだろうか。

世評の高いホフマンの怪奇幻想文学については多くの研究者もいて、今さらぼくが論じるべきことではないような気もするが、それらの作品と「隅の窓」を比較し、どちらがより現代的か、ないし現代に通用する作品かと考えた場合、ぼくには一も二もなく「隅の窓」と言えるのだ。短篇「砂男」にせよ長篇「黄金の壺」にせよ、古典としての価値を度外視して言うならば、これらの作品にはゴシック・ロマンを読み慣れた読者にならともかく、現代の読者をその奇怪な作品世界へ引きずり込むべきリアリティのある説得力に欠けているのである。

筆者自身の体験を述べるなら、怪奇幻想文学の近代的後身とも言うべきSFなるものを書きはじめたころ、このジャンルがまだ一般的ではなかったことでもあり、いかにして読者を馴染みのない非日常のSF的世界へ引きずり込むかに心を砕いたものであり、その手続きはSF的思考の浸透した現在といえども、荒唐無稽を嫌う日本の読者に対しては必要不可欠な技術なのである。そういう体験を経てきた作家の眼で見たとき、ホフマンの怪奇幻想文学は、当然のことではあるが日本の映像世代の読者に対してたいへん不親切だということになってしまう。
フロイトが分析し指摘した、人間の無意識に潜む「無気味なもの」をロマンの香り高い文章によって浮かびあがらせたホフマンの怪奇幻想文学も、時代の変化によって古色蒼然としたものとなり、異常さや驚愕に慣れた映像の世代からはただ古典としての文学的価値しか認められない作品となってしまった。そんな中にあって「隅の窓」の現代性は、たまたまストーリイの構築力を失ったためにストーリイ性皆無となり、そのためモダンな私小説的リアリティを得たことによって、さらにそのために、同じ作者による、ストーリイを持つ怪奇幻想文学の長所をも結集しクローズアップしてしまったことによって確固としている。通時性を伴った短篇小説の傑作が生まれるためには、作者の意図しない偶然が作用しているように思われてならないし、のちの世に残る傑作が書けるかどうかはほとんどその作家の努力、責任とは無関係にも思われてくるほどだが、しかしそのような偶然の結果とても、根底にホフマンのような高度な技術と想像力と、そして特に、病いの床にあってさえ衰えることのない創造意欲があってこそであることは言うまでもない。

(『ホフマン短篇集』池内紀編訳)

4

アンブロウズ・ビアス

「アウル・クリーク橋の一事件」

「ふくろうの河」という不思議な短篇映画があった。ご覧になったかたも多い筈だ。あの映画の原作がこの「アウル・クリーク橋の一事件」である。短篇小説の傑作であり、この本の最初で述べた、文芸誌のアンケートにこたえ、ぼく以外にも二、三人の作家が傑作として推薦している。

アンブロウズ・ビアスについては、短篇集『いのちの半ばに』の訳者である西川正身氏が新潮選書から『孤絶の諷刺家アンブローズ・ビアス』という大部の伝記を出しておられるので、詳しくはそちらをお読みいただきたいが、ここでは簡単に、その西川正身氏による伝記に拠って、ビアスの生い立ちを追ってみることにしよう。というのも、実は彼の人となりがその作品のテーマに大きく関係しているからだ。

アンブロウズ・ビアスは一八四二年生まれのアメリカ人である。オハイオ州東南部の開拓地ホース・ケイヴの貧しい農家に生まれたのだが、貧乏人の子沢山であって、ビアスは十三人生まれた子供のうちの十人目で、しかもビアスの下の三人は生まれて間もなく病死した。末っ子になってしまったビアスは、自分は余計者だと思い込んだ。両親の愛情が他の子供にのみ向けられて、自分は嫌われていると思い込んだのである。信仰心が強く、暮らしが貧しいのに躾ばかりやかましい両親に反逆し、早くから不服従の態度をとり、安息日も守らなかったという。

ビアスはまた、周囲の環境にも反撥した。このホース・ケイヴという開拓地では極端に狂信的でヒステリックなカルヴィン派の野外集会がしばしば開かれていたのだが、ビアスはこの集会の中へ麦わらでくるんだ老いぼれ馬に火をつけて走り込ませるという、のちの「悪魔の辞典」の著者の面目躍如たる悪魔的行為をやってのけたのだ。実際、悪魔が来たと思って人びとはさぞ吃驚仰天したことだろう。

ハイスクールを終えてから、ビアスは親もとを十五歳で離れ、奴隷廃止運動の機関紙を出していた新聞社の印刷所で見習い小僧として働きはじめた。二年後、盗みを働いたという冤罪をきっかけに、疑いは晴れたものの自尊心が許さないのでここをやめ、ケンタッキー陸軍士官学校に入る。しかしここも一年で退学して、以後、労働者をやったり食堂の給仕などをしているうちに南北戦争が始まり、彼は十九歳で志願して北軍の一兵卒になった。たいへん勇敢な兵士だったらしい。負傷した同輩や上官を助けたり敵陣へ一番乗りをしたり、さらには捕虜になった中隊長に代わって指揮を取ったりした勲功により、二十一歳の若さで中尉にまで昇進した。だが、この戦いでビアスは、死の醜悪さ、将軍のほとんどが信頼できぬ連中であることなどを身にしみて実感する。

一八六四年六月、ビアスは頭部に重傷を負う。翌一八六五年一月、彼は除隊した。しばらく財務省の役人を務めるうち、軍隊時代にただひとりの尊敬する上官だったヘイズン将軍から、西部への調査旅行に同行しないかという誘いを受ける。もしかすると正規軍に大尉として採用されるかもしれないというのでビアスはこれに同行した。ところがたいへんな苦労の末、一行がサン・フランシスコまでやってくると、ビアスを少尉として正規軍に採用するという政府からの任命書が届いていた。これでは降格ではないか。ビアスはかっとなってヘイズン将軍と袂を分ってしまう。だが実はこの時期、軍は多くの将校をかかえ過ぎていたので、たいていの軍人が階級を下げられていたのである。軍がビアスだけを冷遇したのではない証拠に、翌一八六七年、軍は彼を名誉将校として少佐に昇進させているのだ。またしてもビアスの、自尊心と被害妄想的な誤解と偏見なのであった。

そのままサン・フランシスコにとどまったビアスは、夜警の職について生活費を得る傍ら、詩やエッセイを書いて新聞に投稿しはじめた。これが認められて、『ニューズ・レター』紙の編集者となったビアスは数カ月後、編集長がやめたので彼自身、まだ二十六歳の若さで編集長になってしまう。よほどジャーナリストとしての才能があり、手腕を買われてもいたのだろう。時代もまたビアスに合っていた。当時サン・フランシスコのジャーナリズムは殺伐を極めていて、人身攻撃が日常茶飯事というありさまだったのだが、ここでビアスの恐るべき辛辣な筆が威力を発揮したのである。

一八七一年、アンブロウズ・ビアスは二十九歳で結婚し、やがて子供も三人できた。ロンドンに渡って新聞雑誌に文章を発表し、作品集も三冊出し、またサン・フランシスコに帰って週刊誌『アーゴノート』、次に週刊評論誌『ウォスプ』のそれぞれ編集を任され、そののちまだ若かった頃の新聞王ハーストと知り合って『エクザミナー』紙に執筆を依頼された。彼はペン一本で人を殺すことができた。「サン・フランシスコの極悪人」と呼ばれるほどその筆鋒は鋭く、彼のペン先にかかった者は政治家、実業家、宗教家、官吏、教育者、文筆業者、そして女性一般である。「ニガヨモギと酸をインクのかわりにして書いている」と噂されたりもした。アンブロウズ・ビアスの絶頂期である。

有名な「悪魔の辞典」の各項目が書かれ、発表されたのは主に『ウォスプ』誌で、一八八一年から一八八六年までの時期であった。その後『エクザミナー』紙と関係した頃は週一回コラムを書くだけでよかったので暇ができ、ビアスはこの時期に多くの短篇小説を書いて、コラムとは別に報酬を受けるかたちで『エクザミナー』紙上で発表している。これは一八八七年から一八九九年に至る時期である。

ビアスはいい家庭に恵まれなかった。いい家庭を作ろうと努力することもせず、妻との会話を拒否して別居したりもするうち、ビアスに似て強情で自尊心の強い長男のディが、三角関係のごたごたから拳銃の弾を頭に受けて死んでしまう。十六歳の若さだった。ビアスは悲しみに沈むが、たまたま出版の機会に恵まれたため、悲しみを忘れようとしてか、この時期、次つぎと四冊の単行本を公けにしている。一八九一年に出したその最初の一冊が、彼の代表作とも言える短篇集『いのちの半ばに』である。これは最初、『兵士と市民の物語集』として出版されたが、イギリス版が出た際に改題された。「アウル・クリーク橋の一事件」はこの作品集の中に収録されている。

ビアスの小説は、ほとんどすべてがといっていいくらい「死」をテーマにしている。戦争でいやというほど「死」の悲惨さ、醜悪さを見てきたことや、彼自身もまた重傷を負うなど何度も死と直面してきたこと、さらに戦争以外にも、母親から貰った喘息の発作で何度となく死を思わざるを得ない苦しみに見舞われたことなどが理由なのであろう。まるで死にとり憑かれているように、死に関係した話ばかり書いている。『いのちの半ばに』におさめられた短篇の多くもまた、南北戦争を舞台にして、死をさまざまに扱っているが、これは死をテーマとするにあたって、彼自身が体験してきた南北戦争が背景に利用されたといった方がいいかもしれない。死の扱い方はさまざまだが、それらはすべてビアス自身の、人間や人間心理に対する強い興味に結びついている。これがあればこそそのアンブロウズ・ビアス作品の高い文学性であるということができる。

ビアスの小説の文学性を示すものとしては他に、のちのハードボイルドの先駆けと解釈できそうな、即物的で感傷に流されることのない、現代的ともいえる描写がある。一方でこうした乾いた文体は、死体をつきはなして眺めたり、物質的に扱ったり、死者や負傷者の群れを虫けらのように描いたり、死をブラックに、また皮肉に見たりするときに、大きな効果を生む。これがビアスの新しさであったと言えるだろう。「アウル・クリーク橋の一事件」もまた、硬質の冷たい文体で第一章が書き出されている。

…………………………

ひとりの男が、アラバーマ州北部の鉄橋の上に立って、二十フィート下の急な流れに見入っていた。両手をうしろに廻し、手首を細なわでしばられている。一本の綱がきつくその首にまきついている。綱は男の頭上に渡された頑丈な横材に結びつけられ、あまった部分がたるんで膝のところまで垂れ下っている。

…………………………

つまりこの男、ペイトン・ファーカーは、今、絞首刑にされようとしているのだ。橋の上には北軍の兵卒や士官が何人かいて、彼の死刑を執行しようとしている。

…………………………

彼は目をひらいて、ふたたび足もとの流れを眺めた。「この両手を自由にすることができたら」と彼は考えた、「おれは縊りなわを振り棄てて、流れにおどりこんでやるんだが。

水にくぐれば、弾丸《たま》はさけられる。だから、力いっぱい泳いで岸にたどりつき、森の中へ飛びこめば、家へ逃げ帰ることもできなくはなかろう」

彼の頭にさまざまな考えが浮かぶうち、いよいよその時がきて、大尉が軍曹に向かってうなずき、軍曹が一歩脇に退く。

と、いうところで第一章が終わる。そして第二章はすべて、富裕な農園主であるペイトン・ファーカーが、このような非運に見舞われた理由の叙述に費やされている。

ペイトン・ファーカーは南部の農園主だから奴隷所有者であり、当然のことながら南軍方である。戦闘に参加できなかったことにいらいらしながら、それでもいつかは軍隊に入って勲功をたてようと、その機会をうかがっていた。ある日、南軍の軍服を着たひとりの兵士が農園にやってきて水を一杯所望する。ペイトン・ファーカーはこの兵士に、自分が北軍の進撃を妨げるためにアウル・クリーク橋を破壊するにはどうすればよいかということを、遠回しに訊ねる。ところがこの兵士、実は北軍の斥候だったのである。

北軍の指揮官は、非戦闘員で、鉄道や鉄橋やトンネルなどの列車の進行を妨害した者は、すべて即事に絞首刑に処するという布告を出していた。かくしてペイトン・ファーカーは、これに準じる者としてたちまち逮捕され、アウル・クリーク橋から吊るされることになったのである。

第三章は、ペイトン・ファーカーが橋から突き落されたところから始まっている。

ペイトン・ファーカーは、橋を抜けて真直ぐ下に落ちて行くとき、意識を失ってすでに死んだも同然だった。この状態から——恐ろしく時間がたってからと彼には思えたが——喉に鋭い圧迫の痛みを、つづいて窒息感をおぼえて、彼は意識を取り戻した。

第一章、第二章でもそうだが、情景描写、人物描写、そしてここではペイトン・ファーカーが感じる感覚の描写と、どうやらアンブロウズ・ビアスはジャーナリスト的な、正確なこまかい描写によってリアリティを出そうとするタイプの作家のようである。現代では少しうるさく感じる部分もあるが、これがなくてはただのひねりのきいたショート・ショートになってしまっているだろう。

彼は運動を意識した。物質的な実体を失い、いまではもう自分はたんにその燃える中心にすぎず、周囲を輝やく雲に包まれて、想像をこえた弧をえがきながら、巨大な振子のように揺れていた。するとたちまち、まったく突然、身体を包んでいた光りが、ザンブという高い物音をたてて上方へほとばしった。恐ろしい怒号が耳に入ってきた。(略)彼は細なわが切れて、自分が流れの中に落ちこんだことを知った。

彼は水中で手首の縄をほどき、首に巻きついた縊り縄を引きちぎる。そして水面に浮かびあがる。ここでペイトン・ファーカーが目にした彼の周囲の自然が、生を讃え、謳歌するものとして美しく描写される。

彼は顔を打つさざ波を感じ、その打ちつける音を一つ一つ聞きわけることができた。河岸の森へ目をやると、一本一本の樹木を、木の葉を、一枚一枚の葉の葉脈をさえ、見わけることができた。それればかりか、葉の上の昆虫類——せみ、光沢のある胴体を持ったはえ、小枝から小枝へ巣をかけ渡す灰色のくもにいたるまで、見てとることができた。無数の草葉にやどる露の玉のすべてに、虹の七色をみとめた。流れの渦まく上におどるぶよのつぶやき、とんぼの羽音、ボートに水を切らしたときのオールにも似た水ぐもの足打つ音——これらすべてが明瞭な楽の音となって聞えた。

ここのところ映画では実際に美しいメロディの曲と、自然の美を謳いあげる歌声を流していた。一見アンブロウズ・ビアスのテーマである「死」に反するようなこの部分の生の謳歌は、しかしもちろん「死」というテーマを際立たせ、結末を効果的にするための作者のテクニックなのである。

銃声が聞こえ、ペイトン・ファーカーは橋の上から撃たれる。ふたたび水にもぐり、川下へと泳ぎ、浮かびあがるとまた撃たれ、けんめいに泳ぐうち、今度は大砲で撃たれる。彼は渦に巻きこまれて押し流され、岸にたどりつく。最初に橋の上で空想した通りになったのだ。助かった嬉しさで、彼は泣く。そしてふたたび生の謳歌である。

砂地に指を突っこみ、砂を両手にいっぱいつかんでは身体に投げかけ投げかけ、声をあげてそれを祝福した。砂は、ダイヤモンド、ルビー、エメラルドに似て見えた。頭に浮ぶ美しいものは、そのすべてがこの砂に似ているように思えた。

だがまたしても、今度は葡萄弾が襲ってくる。ペイトン・ファーカーは森の中へ飛びこんで逃げ、その日一日じゅう、森を歩き続ける。夜になるが、美しい妻や、可愛いわが子のことを思って、疲れはてながらも歩き続ける。ここで結末を暗示するような不吉なイメージがあらわれる。

樹木の黒々とした幹が、路の両側に真直ぐな壁をなし、遠近画法の練習でえがく作図のように、地平線上で一点となって終っていた。森のその裂目から見上げると、頭上には、見慣れぬ大きな金色の星が、異様な星座に群がり輝いていた。たしかに星々は、何かある秘密で不吉な意味を持った順序に配列されているのだ。両側の森は奇怪なざわめきにみち、それにまざって——一度、二度、また一度——未知の言葉でささやく声を、彼ははっきり……と耳にした。

次第に周囲の状況や主人公の肉体の感覚が幻想的な、あり得ないようなものに描かれはじめ、これこそが伏線なのだが、やがて彼は歩きながら寝込んでしまう。そしてふと気がつくと、またしてもあり得ぬことに、彼はわが家の門辺に立っているのだ。彼は門を押しあけて家に近づいていく。

ここから結末までは、全文紹介することにしよう。


………………………………………………

女の衣服がひるがえるのが見えた。妻がこの上もなく涼しげなやさしい様子で、彼を迎えようと、ヴェランダから歩み下りる。下りきったところで、彼女は立って待ちうける。言葉に尽しがたい喜びの微笑を浮べ、比類のないしとやかさと気品とをそなえた様子を見せて。ああ、なんと美しいことか。両手をさしのべて、彼はおどりよった。そして妻を抱きしめようとした。その途端、首筋に目も眩むような激しい打撃を感じた。眩ゆい白光が、大砲の衝撃を思わせる音響とともに、彼の周囲一面にサッと閃く。——と、一切が暗黒と沈黙とに包まれてしまった。
ペイトン・ファーカーは死んだ。首の挫けた彼の死体は、アウル・クリーク橋の横木の下で、ゆるやかに右へ左へと揺れていた。

……………………………

なんとも残酷な、情け容赦のない結末であり、あっと驚く結末でもある。この「意外な結末」というのも、アンブロウズ・ビアスが自らの短篇小説に課した拘束であった。一方で「死」というテーマを貫いたことが、やはり自らに課したものであったのか、またはそれ以外のものを書く気が起らず、どうしても死というテーマを選んでしまったのか、そこまではわからないが、ダブル・バインドであったことには違いないだろう。

これは作家にとってずいぶん苛酷な拘束である。どちらかの拘束を生涯貫くだけでもたいへんなことである筈だ。もともとはフィクションを認めないなどと言っていて、本質的にジャーナリストであったアンブロウズ・ビアスのいわば余技であったからこそ、こういう二重拘束を貫けたのかもしれない。彼自身は「読者の裏をかく」技法に関して「盗みをする方が名誉ある、興味深い行為だ」などと彼らしいひねくれたことを言っているが、こういううそぶきかたをするアンブロウズ・ビアスを、ぼくは愛する。

この二重の拘束が最も効果的に発揮された作品こそ「アウル・クリーク橋の一事件」である。これがいわば、「どうしようもない傑作」であることは、この作品を読まれたかたなら必ずお認めになることだろう。人間心理が「死」というテーマと「結末の意外性」によってくっきりと浮かびあがり、そこには人間を見るアンブロウズ・ビアスのいつもの皮肉な視点もちゃんと備わっている。文体、描写、三段階のプロット、技法、いずれを欠いてもこれほどの傑作にはならなかっただろうと想像できるが故の、これ以上「どうしようもない傑作」なのである。

では、ビアスのほかの作品はどうなのだろう。ぼくが読んだ『いのちの半ばに』は、もとの本に収録されていた二十六篇の中から七篇が訳出されたものに過ぎないが、おそらくは訳者の西川正身氏によって厳選されたものばかりであろうと思う。だが、それにしては「アウル・クリーク橋の一事件」に比べていささかレベルの低い作品ばかりなのだ。もうひとつの傑作とされていて、よく紹介されたりもしている「空飛ぶ騎手」にしても、南北戦争で北軍に志願した息子が南軍の父親を殺してしまうという結末は意外性が弱く、馬に乗ったままの騎手が崖の上から谷間へ、みごとな軍隊式の姿勢を保ったまま降下してくるという奇怪な、そして幻想的なイメージで記憶されるだけの話である。その他の五篇も、「落ち」にこだわり過ぎると必ずそうなるように、いささかとってつけたような結末ばかりで、中にはあきらかに駄作ではないかと思われる作品もある。ビアスにはもうひとつ、『怪奇小説集』という短篇集もあるが、西川正身氏はこれを『いのちの半ばに』ほど高くは評価していない。ただひとつの長篇小説は他人との共著である。

アンブロウズ・ビアスは、作家としては二流であった。ただのロマン主義者であり、新しい文学の潮流を理解できず、ヘンリー・ジェイムスを認めず、ディケンズのリアリズムも否定した。だが、たとえそうであっても、「死」にとり憑かれ、この時代にはすでに古い陳腐な技法とされていた「意外な結末」に固執し続けたからこそ、「アウル・クリーク橋の一事件」という傑作が生まれたのではないだろうか。逆に言えば、短篇小説の傑作というものは本来、アンブロウズ・ビアスほどの才能のある人物でさえ、ただひとつのテーマ、ただひとつの技法に頑固に執着して全作品を書いたとしても、まるで偶然のようにやっと一篇が生まれるというほど、稀にしか出現しないものなのではないのか。傑作を書こうとして書けるといったなまやさしさと短篇小説とは、そもそもが無縁なのではないだろうか。

晩年のビアスは不幸だった。子供すべてに死なれ、妻に先立たれ、エゴと狷介《けんかい》さのため忠実な友人とも彼の方から仲たがいして別れていく。時代もすでに、彼の時代ではなくなっていた。孤独になり、一九一三年、ビアスは国境を越えて革命さなかのメキシコへと旅立ち、そして消息を断った。野垂れ死にに近い死であったのだろうと言われている。

（『いのちの半ばに』西川正身訳）

本章を脱稿した直後に、カルロス・フェンテスの長篇「私が愛したグリンゴ」が出版された。メキシコへ行ったのちの老アンブロウズ・ビアスが、メキシコ革命に参加して戦うという話であり、グレゴリイ・ペック主演で映画化もされている。

5

マーク・トウェイン

「頭突き羊の物語」

マーク・トウェインは前章のアンブロウズ・ビアスよりもひと時代早い一八三五年に、アメリカはミズーリ州フロリダの貧しい法律家の家で生まれた。その後、四歳でミシシッピー河沿いのハンニバルという町に移り、ここで少年時代を過ごしている。サン・フランシスコへ出てきて、ユーモア記者として新聞で活躍したのもビアスより早い一八六〇年代である。マーク・トウェインの作風は「トム・ソーヤーの冒険」「ハックルベリイ・フィンの冒険」などでお馴染みだろう。こうした長篇小説の中にも見られる馬鹿陽気な法螺話の手法は、むしろマーク・トウェインの短篇小説において特に顕著である。

アメリカの西部や南部には、法螺話の伝統というものがあった。ごく日常的にもてはやされ、喜ばれたらしく、でかい法螺や馬鹿ばかしいナンセンスを話した者ほど褒められるといった風潮もあったようだ。だいぶ以前に「アメリカほら話」という本を読んだことがある。ほとんど忘れてしまったが、今でもどうにかおぼえている話をひとつだけ、ご参考までにご紹介しよう。たしか、こんな話だった。

あの山には変な動物がいて、そいつはやたらに前足が短く、後足が長い。山の中腹にいて、いつも頂きの方を向いている。こいつを捕えようとして追いかけると、横へ横へと逃げていく。勾配になっているので、こいつは山の中腹を螺旋状に上へ上へと逃げていくことになる。そしていよいよ山の頂きに追いつめ、いざ捕えようとすると、この動物はくるりとからだを裏返し、あさっての方へ逃げてしまう。

と、まあ、そういったような話だったと思う。日本人にはちょっと受けそうもないシュール・リアリズムのナンセンスだが、どうやらアメリカ人にはこういう話を受け入れる国民性が伝統的に存在しているようだ。

マーク・トウェインはこうした法螺話の名手だった。短篇集『バック・ファンショーの葬式』の訳者坂下昇氏によると、約三百篇に及ぶ彼の厖大な数の短篇は、マーク・トウェイン自身によって南西部風に、スケッチ(寸劇)、テール(一口咄)、バーレスク(狂言)、ホークス(げてもの)、ホッグウォッシュ(狂文)、フロード(詐欺、ひっかけばなし)などと分類されているが、そのいずれにもトールトーク（ほらばなし、誇大癖）の要素が強いそうだ。そして彼は、それらをただ文章として書く、というだけではなく、口演してまわったのだった。ひと前で語り、大受けに受けることが一時期、楽しみでもあったようだが、これは趣味の発明癖による借金を返すための手段だったという説もある。

ここで重要なのは、法螺話とはもともとそういうものであるということだ。ひと前で語り、大受けに受けるという楽しみがあればこそ、語り口やことばに工夫が凝らされたのであり、練りあげられていったのであり、だからこそ話がより大きくなり、よりナンセンスになっていったのである。そしてマーク・トウェインの短篇の魅力はそこにあった。ひと前で話しても大受けに受けるような語り口とことばの工夫が小説においてもなされたのであって、一言一句をゆるがせにしないこうしたストイシズムの成果を坂下昇氏は「完成主義者の鏤骨彫心《るこつちょうしん》の筆の跡」と表現している。

だが、いったい彼は、いったん短篇小説として書いたものをひと前で語ったのだろうか。それともひと前で口演して受けたものを短篇小説に書いたのだろうか。そのあたりははっきりしない。しかし、ぼく自身が朗読会などで自分の作品の朗読をした経験によれば、笑いを追求する作家としては、笑いをとった部分の前後などはさらに工夫をしたくなるし、思ったほど受けなかった部分はもちろん書き直したくなるのが人情であるから、おそらくは両方のケースが存在したのではないかと思う。どちらにしろマーク・トウェインの場合、得意な口演レパートリというものははっきりといくつか存在していて、それらはたいてい短篇小説にもなっている。ここにご紹介する「頭突き羊の物語」もそのひとつである。

そのころちょいちょい、ヴァージニア鉱山の野郎どもがぼくに向かって、おまえぜひジム・ブレーンって男に逢ってみろ、そして奴のおじいさんのおいぼれの頭突き羊の物語ってのを語ってもらえよ、そりゃ胸のわくわくする話だぜ、とよくそういったもんだ。なのに、いつも奴らがつけ加えるには、ぼくがこの一件を持ち出すにしても、ジムが酔っぱらっている時でないといけない――それも、うっとりとした機嫌《きげん》になって、社交性が出たか出ないかの境目の酔い方でないといけない、とそういうんだ。みんながあんまりせっつくもんだから、ぼくの好奇心だって、その話を聞きたくって聞きたくって、もうじりじりしてきちゃった。

つまりこの話はいみじくも、ある男がひと前で語る物語が話の中心になっているのだ。語り手の「ぼく」は「頭突き羊の物語」という話が聞きたい一心でジムにまつわりつくが、ジムはさっぱり話をしようとしない。

……

野郎どもにいわせたら、そりゃジムの状態がそうなっていないからだと、状態にけちをつける。つまり、奴はほろ酔い加減にはよくなるんだけど、ぴたり満足って酔い方になったためしがない、とそういうんだな。

……

ついにある夕方、ジムが今度こそはけちのつけようのない状態にあるという知らせがあったので、「ぼく」は彼の丸太小屋に急いで行く。なるほどジムは静寂、陶然、均整美に溢れた酔い方をしていた。

……

ぼくがはいってゆくと、折しもジムは空《から》の火薬樽《かやくだる》に腰を掛け、片手には粘土のパイプを持ち、片方の手を挙げるると、静粛にって合図するところだった。見ればこの男、顔はまん丸で、赤くて、とってもまじめ顔。喉もとは丸出しで、髪はざんばらで、風貌といい、服装といい、当代によくあった、根っからの金掘り職人だ。粗末な松の木の食卓の上には、ろうそくが一本立ててあり、そのかぼそい光に照らされて、そこいらの椅子、ろうそく箱、火薬樽などに腰を掛けている「野郎《ボーイ》ども」の姿が見える。みんながいった。

「しーっ！——しゃべるんじゃねえぜ——いよいよ始まり、始まり！」

と、いうわけでいよいよジム・ブレーンが喋りはじめるのであるが、この喋りかたというのが西部や南部に独特の「ドロール」というのろのろした話しかた、ひと昔前の差別的な映画でなら、間の抜けた黒人が喋るようなあの喋りかただったらしく、これがまたマーク・トウェインの大のお得意でもあった。トウェインは、時には一分間に三語という超スローモーな話しかたをして見せ、それでも聴衆は腹をかかえたというから、日本でいうならさしずめ高座の古今亭志ん生師匠といった趣きだったのではないだろうか。一度聞いてみたかったような気がするが、かなわぬ夢であろう。そして、そのような話法にかなった内容を持つ話のひとつがこの

「頭突き羊の物語」であったことは間違いのないところだ。

つまり、そうした話法でひとを笑わせようとするときにいちばん肝心なのは、なんといっても「間」であるということだ。「間」が一秒遅くても一秒早くても失われてしまう効果というものがあり、それは特に笑いの場ではっきりと確認できる効果だから、噺家もコメディアンもこの「間」にはたいへん苦労するのである。というのも、それはいつも同じ部分で同じだけの間をとればいいといったものではなく、聴衆の数、雰囲気、会場の広さなどによっていちばん効果的な間は常に変化し続けるからだ。逆に言えば発話された言語が書かれた言語に勝る点のひとつがこの「間」であろうし、黙読されている小説は「間」によって小説の朗読に劣るのである。トウェインもこの話を執筆する際にはずいぶん苦労したことだろう。エクリチュールやディスクールにおける「間」などというものがあり得るのかどうかわからないし、そもそも「間」の研究などというものが言語学研究のレベルで存在したのかどうかもわからない。ソシユールは自分の言語学の対象であるラングつまり発話される言語からパロール(発話)をいちばん先に切り捨てているし、ミハイル・バフチンはパロールを重視して、言語とはそもそも対話であるなどと言っているが、「間」について何か言っているかどうかまではわからない。

いずれにせよわれわれは、以下の「頭突き羊の物語」を、マーク・トウェインの語り口を想像しながら読む以外にないのである。ただ、これをトウェイン自身が口演したことを知らないで読むよりは、知っていて読んだ方が興味深く読めることは確かであろう。この短篇はこの部分で表題と同じ小見出しがついている。ここから語り口が変わるぞということを示しているのかもしれない。

頭突き羊の物語

ぼくが席をみつけるが早いか、ブレーンがいった。

「思えば二度とあのころはこねえだろうな。あいつ、そりゃイカス頭突き羊だったな。あんなイカス羊が二度とこの世にいるもんか。おれのじじいが遠路イリノイから連れてきたんだけどよ——イエーツって野郎から分けてもらったんだ——ビル・イエーツってな——ほれ、おめえらもうわさには聞いてるだろう——奴のおやじは教会の幹事でよ——洗礼派ってとこよ——それから奴だって、大した働きもんでな。『感謝のイエーツ』といやあ、おめえ、奴に先手を打たれたくねえんだったら、朝もはよから起きていなくっちゃ追いつけねえって、というほどの働きもんよ。おれのじじいが西部へ渡ってくるとき、グリーンの一家を口説いちゃって、いっしょに幌馬車を組んだがいいってすすめたのもこの野郎よ。そこであのセート・グリーンってのは、一族の花だったんじゃねえのかな。その嫁さんはウィルカソン――サラ・ウィルカソンてんだけどよ――これがまたええ子でな――音に聞えしミズーリはストッダート郡に育っただけのことはあらあな。うってつけのあまっこってわけよ。あの子を知ってるみんながそういったもんよ。小麦粉の樽を持ち上げさせりゃ、おれがパンケーキを鍋に投げるぐらいのもんさ。すいすいと持っちゃうんだから。

話はこの娘に懸想したサイル・フィルキンズの話になり、この男が酔っぱらった末に窓から抛り出されたという話へ飛ぶ。ここからが爆笑ものの法螺話となる。

ところがあいにく、奴が落っこちた先ってのが、これがオールド・ミスのジェファソンの頭のてっぺんでさ。かわいそうなのは、このおばばよ。このおばばってのがまた、やさしい、気のいい人間でな――片目はガラス目よ。そこでワグナーのおばばに、ちょくちょく貸してやったもんだよ。こっちのおばばってのが、義眼《いれめ》を持ってねえんで、それでお客をするとき、義眼がねえと目が見えねえ。ところがどっこい、ちいさくってしっくり合わねえ。そこでワグナーのおばばにしてみれば、それとはうっかり知らぬまに、義眼はこっちへくるり、あっちへくるり、目玉ん中でよじれちゃうんだな。そこで、ひょいと上目《うわめ》を使ったり、眇《すがめ》でぐいと睨《にら》んだり、いやはや、八方やぶ睨みってわけよ。なのに、もいっちょの目はっていうと、こいつはぼいんと飛び出しちゃって、船長さんの遠めがねそっくりよ。なんのこれしき、大人はへいちゃらでも、子供はそうはゆかねえやな。わっと泣き出しちまうんだな。なんていうか、こんな凄《すげ》え見ものもねえもんな。そこでおばばは、真綿を持ってきて、義眼をくるんじゃ詰め、くるんじゃ詰めするんだけど、どういうわけか、これがさっぱりでよ――綿がゆるんで、べろり出てきちゃうんだから、そりゃ、凄え形相になるんだな。これには子供はたまらねえやな。

マーク・トウェインの語り口を想像しながら読めばいちばん面白い部分だが、このあたり、もしかすると表情や動きの芸があったのかもしれない。それにしても「義眼がねえと目が見えねえ」というのはおかしな話だが、法螺話だからこれでいいのだろうと思っていると、次のところでは盲目だから義眼が落ちても気がつかないというくだりがあり、この矛盾といい加減さがギャグだと気づいてまた笑ってしまうのだ。

それに、このおばばときたひには、義眼を落っことしてばかりいるんだな。そこで持って生まれた天窓(船乗りの隠語)を、ぽっかり開いちゃって、ぐいっとお客を睨むんだけど、こっちはさっきから空洞よ。そこで見られたお客にしてみれば、ぞくぞくっときちまうわな。だっておめえ、そっちの側はもともと盲目なんでよ、いつのまに義眼が抜けたのか、これじゃ当人が気がつくわけはねえやな。そこで誰かが、見るに見かねて、こういってやるのよ。『あら、ワグナーの婆さんや、あなたの粋《いき》な目ん玉がずっころげちゃっていますよ』ってな——そこでみんなはいっせいに、固唾《かたず》を飲んで待ってるんだ、おばばがぐいと元へつっこむのを。どっこい、前と後ろがあべこべだ。その後ろってのが、駒鳥の卵そっくり、青のきんきらきんなんだな。だけどおばばは、内気なたちなもんで、あっと驚くお……客を前にして、おのれがびっくり仰天してるんだから世話ねえや。

抱腹絶倒の聞かせどころである。こうなってくるともう「モンティ・パイソン」そこのけのブラック・ユーモアだが、話はこのあと、スラップスティックありの、グロテスク・ユーモアありの、まだまだ続くのである。

そして――賢明な読者諸君ならもうおわかりであろう。肝腎の頭突き羊は最後まで出てこないのである。ジム・ブレーンは話の途中で安らかに、首うなだれ、すやすやと寝てしまう。

…………………………………………………………

この棺桶だって埋めたんじゃねえや。一方の端を下にして、まっすぐ植えちまったのよ。これじゃ聖霊の塔とそっくりよ。そこでみんなは看板を吊り下げて、吊り下げて――それにぶらさげたってのが――捧ぐ――ぅましき――れーい――十四ャ……ドゥ――三ん プライ――じゅ……たぁ……ん……ん……原料は――あ・わ…れ・こ・の・世・のう・ひーと・な…りし――しぃ――しぃ――ウィ・リー・ア・ム・ムん――ムん……」

講演会場でマーク・トウェインの話を聞いている聴衆は笑い転げているに違いないのだが、話の中でジム・ブレーンからこの話を聞いている「野郎ども」はさにあらず。頰にとめどなく涙を流し、こみあげる笑いをこらえようとして窒息寸前のありさまなのだ。なにしろ謹聴しなければならず、笑いでジム・ブレーンの話を中断させることは許されないのだから。

話はここで終ってもよさそうなものだが、そこは一般聴衆と同じような大衆的読者に対しての、蛇足とも思えるエピローグがついている。

ぼくは「一杯喰わされて」いた自分にいま気がついた。(略)つまり、問題の羊に関する部分は、世間が聞いた限りでは、最初の一節だけで、それからあとは、次から次へと、ひっきりなしに脇道へ外《そ》れっぱなし、ついにはウィスキーの力に負け、寝入ってしまう。ジムその人がどうなったか、そのおじいさんの頭突き羊にどんな運命がふりかかったかは、今日にいたるもおぼろの神秘だ。それを突きとめたひとはまだいない。

南西部文学の分類でいえば、これはフロード、つまり一杯ひっかけ話ということになるのであろう。しかし、真面目な人が読んだらどうにも座り心地の悪さを感じないではいられないこの話は、短篇集『バック・ファンショーの葬式』におさめられた十四篇の中でも、もっとも独自性を持ち、味わい深くて新鮮な短篇小説だ。教養主義的な文学愛好者なら「ただ笑わせるだけのこの短篇小説のどこに文学性があるのだ」と言いそうだが、どこが文学的であると指摘することのできないこの短篇のユーモアの底にある凄みを、われわれは見逃してはならず、もちろん、ひとを笑わせるようなものに文学性はないなどとは、たとえ誰にだって言えるものでもない。

現代の標準的なアメリカ語辞典はマーク・トウェインからの引用例に満ちているそうだが、そしてエマスンは「マーク・トウェインによってアメリカ語が、切れば血の出ることばになった」と称賛したそうだが、にもかかわらず、彼の作品の文学的評価は今でも実に低く、時代の無知に便乗し、無知を売り物にした作家だという厳しい批判まである。一種の道化としてその時代の人気者となった作家に対して、そのようなものには断固文学性など認めないというこうした批判が出てくるのも当然だが、実はマーク・トウェインの精神たるや、後半生に書かれたファンタジィ「見慣れぬよそ者」といった作品を読めばわかるように、その前半生に書いた陽気な作品群から受ける印象とはうらはらに、深い深いペシミズム、救いようのないニヒリズムに満たされているのである。われわれが今、彼のユーモア短篇を読むとき、ここのところを見落してはならないし、そもそもそれ以前に、あらゆる笑いの芸術家の深層に潜む、ある共通した暗さの存在を心得ておく必要があるだろう。道化装いが自虐性のあらわれであったとすれば、ただ書くだけでなく、それをひと前で口演してまわったマーク・トウェインの、歳をとって鬱病になった後半生における自己嫌悪たるや、ずいぶん激しいものがあったのではないかとも想像することができる。

ここで、なぜ笑いを追求する芸術家が、その私生活において多く不機嫌であるのかを考え、道化装いや自虐性の深層心理を論じてみてもしかたがない。短篇「頭突き羊の物語」に戻らなければならない。

この短篇の独自性はその着想にある。現実にもしばしば起こるこの「話の横滑り」は、ギャグとしても比較的よく見聞するものだが、これを最後まで横滑りしたままで終らせ、読者の願望不充足をも笑いに換え、それを一篇の短篇小説に仕立てあげようとは、それまで誰も思わなかったに違いないのである。マーク・トウェインの意図はどうであれ、これは現代から見ればまさに、小説は何をどう書いてもいいのだという思想の実践であり、結末さえ必要ないのだとする主張でもあると解釈することができる。それゆえに笑いの質としては高く、独特であり、評価されるべきものだと言える。

肩透かしをされて怒ったり、馬鹿にされたように感じて腹を立てたり、馬鹿馬鹿しいといって失笑する読者の多い日本では、こうした笑いの水準の高さはなかなか評価されにくいが、同じ人がテレビのお笑い番組を見て笑ったりしているから、やはり小説に関しては何やら身がまえてしまって本質を見逃すようだ。

(『バック・ファンショーの葬式 他十三篇』坂下昇訳)

6

ゴーリキー
「二十六人の男と一人の少女」

岩波文庫の『ゴーリキー短篇集』を読むのはこんどが初めてだった。「どん底」「小市民たち」「敵」といった戯曲を読んだ経験から、社会のどん底にあえぐロシア人民の暗い生活を、ひたすらリアリズムで描いた暗い作品に違いないという思い込みがあって鬱陶しく、今まで手が出せずにいたのだった。

しかし実はゴーリキーがトルストイやチェーホフと並ぶ作家的名声を得たのは、『ゴーリキー短篇集』に含まれているような、初期に書かれた短篇によってであったのだ。一八九〇年代のゴーリキーはまだ社会主義リアリズムの手法を確立していず、いわばその準備期間、模索期間であったのだが、この時期の短篇にはそれゆえの魅力とでもいうべきものがあって、たとえばここにとりあげた「二十六人の男と一人の少女」のような、実験的な試みが感情の繊細さとうまく調和した秀作も存在する。

『ゴーリキー短篇集』の編訳者である横田瑞穂氏は、初期の彼の作品はロマンティックな傾向のものとリアリスティックな傾向のものに分けられるとし、「二十六人の男と一人の少女」を前者の系列に含めている。しかしまた、このふたつの傾向が同一作品の中にからみあって含まれていることも指摘し、「二十六人の男と一人の少女」もそのひとつであるという批評家ベー・ウェー・ミハイロフスキーの意見も紹介している。

「二十六人の男と一人の少女」は一八九九年、ゴーリキー三十一歳のときに、雑誌『生活(ジーズニ)』に発表された。この『生活』は翌翌年に有名な「海つばめの歌」が発表された雑誌である。ゴーリキーはこの詩によって迫り来る革命の嵐を予告したのだった。

さて、「二十六人の男と一人の少女」は次のように始まっている。

私たちはみんなで二十六人いた――いや、じめじめした地下室に二十六個の生きた機械がとじこめられていたといった方がいい。そこで私たちは朝から晩まで粉をねっては、巻パンや堅パンをこしらえていたのだ。

パン職人の話である。ゴーリキーは幼いときに両親を失ってから、小学校を中退し、さまざまな職に就いたが、パン職人もそのひとつであった。ついでにいうなら、ゴーリキーが就いた職業は、最初が靴屋の丁稚《でっち》、そして製図師の徒弟、汽船のコック見習、村まわりの芝居の役者、夜警、鉄道の貨物係などである。尚、この作品はゴーリキーがそうしたカザン時代と呼ばれている一八八四年から八八年の労働生活時代に、ワシーリー・セミョーノフというひとの菓子工場で働いていたときの事実がもとになっているらしい。最初のうち、彼らパン職人の非人間的で悲惨な地下生活が、リアリティを伴って描写されていく。

……………………………………

私たちは、煤と蜘蛛の巣におおわれた低い天井が頭をおさえつけるように垂れさがってきている、この石の箱みたいな地下室でくらしているのが実に息苦しく、窮屈であった。汚点《しみ》と黴でさまざまの模様を描きだしてある厚い壁にとりかこまれたこの中にいると、私たちは胸がむかつき、重苦しい気分になるのであった……私たちは朝五時におきた、だから充分眠るひまもありやしない、そして気のぬけたようなぼんやりした顔つきで、六時というともう仕事台にむかい、私たちがまだ寝ているあいだに他の仲間がちゃんと支度をしておいてくれた捏粉《ねりこ》をまるめて、巻パンをこしらえにかかるのであった。そうして朝から晩の十時までずっと、私たちのうちの一部のものは仕事台にむかって坐り、身体がこわばってしまわないようにするため、たえず身体をゆすぶりながら、ねばねばした捏粉を両手でまるめたり、のばしたりしていた。他の一部のものは、そのあいだじゅう、粉に水をさしては、こねかえしている。釜のなかでは一日じゅう、なにかもの思わしげな、うら悲しい声をたてて、お湯がふつふつと煮えたぎっていた。この釜で巻パンを蒸《ふか》すのだ。焼き手が、大きなしゃもじ様のもので、つるつるするように程よく蒸《ふ》けたパンを熱い煉瓦の上にうつす時、それは炉底にあたって、いまいましい、せかせかした音をたてた。

お気づきであろうが、この作品はここまでのところ、一人称複数で書かれている。そして最後まで一人称複数のままである。さらに主人公というのが「私たち」と一人称複数で書かれているその二十六人なのである。冒頭の「二十六個の生きた機械」という文章が示すように、この話は個性のない機械として地下室という環境の中に閉じこめられている二十六人全員がひとつの人格として表現されているのだ。たしかに捏粉をまるめたりのばしたりする者、粉に水をさして捏ねかえす者、焼き手など、分担の異なる何種類かに分かれてはいるが、それは機械の部品として分かれているのであり、人間の個性で分かれているのではない。そして個性は、パン職人二十六人の個性として描かれる。パン職人たちが歌を歌うくだりがある。これも最初に歌い出す者やリードする者が決まっているわけではない。

その歌は、こんな工合にしてはじまるのだ――仕事の最中に、ふいにだれかが疲れはてた馬のように重々しい溜息をついて、しずかに歌いだす。(略)と思った瞬間、ふいに別の声がそれに合せてうたいだす――そうしてこんどは二つの声がからみあって、しずかに、ものうげに、私たちのせまくるしい穴倉のむっとするような空気のなかに漂ってゆく。それにさそわれて、数人の声がいっせいに後をつける。(略)

二十六人がみんなで歌う。ずっと昔から歌いなれた、よくとおる高い声が仕事場をいっぱいにみたす。このなかでは歌だって窮屈だ。(略)だれかが、ふいに歌をやめて、ながいことじっと耳をすませて仲間たちが歌うのをきいている、そしてやがてまた自分も声をは……
りあげて、みんなの歌のなかに加わってゆく。

と、いった具合なのであり、歌によってかきたてられる哀愁も、忘れようとする憂いも、二十六人に一様のものとして描かれているのである。通常は個性の描き分けが必要とされる小説にあって、こうした手法は今日でもなお、新しい手法とされるもののひとつであろう。ゴーリキーはこの書きかたによって、こうした環境の中にいる者がいつしか同じような抑しひしがれた感情を持ち、似たような視野の狭い考えかたを持つにいたることを表現しようとしたのだろうが、これは極めてリアリスティックな効果を齎《もたら》すと同時に、手法としても新しさを持っているという結果となった。本来は内容に最も適したよりよき文体を考え抜く姿勢こそが、偶然のように実験的で新鮮な表現を生み出し、成功させるのであり、新しい文体や奇矯な手法が先にあるべきではないのだろう。

そしてこの手法はこの作品にあって、このカザン時代のゴーリキーの特徴とされているロマンティックな「夢」「希望」といったものの表出にも効果をあたえている。

だが、私たちのところには、歌のほかにもう一ついいものがあった――それは私たちみんなの敬愛の的で、おそらく私たちにとっては太陽のかわりをなすものであった。この家の二階に、金糸の縫箔《ぬいはく》をやる店があって、そこではたくさんの娘さんたちが働らいていたが、そのなかにまじって今年十六になるターニャという小間使がいた。彼女は毎朝、玄関から私たちの仕事場に通じる扉にはめこんである窓ガラスに、いかにも快活そうな碧い眼をもった小っちゃなバラ色の顔をおしつけて、やさしみのこもった、よくひびく声で叫ぶのであった。

――四人さん！　パンおくれ！

このターニャは二十六人にとって「太陽」であると同時に「夢」であり「理想」であり「希望」であり「神聖にして犯すべからざるもの」でもあった。清浄無垢なこの少女に二十六人は、聖像に捧げる日日の供物のようにしてパンをあたえる。彼らには彼女のほかに愛情を注ぐべき相手がいなかったのだ。女の話となると「自分でも」耳を覆いたくなるような淫らなことばを吐くくせに、彼女が去ったあといつも楽しげに話すターニャのことではそんなひどいことばは決して使わない。誰ひとり彼女に指一本触れようとはしない。

ときおり私たちのうちのだれかが、なぜともなしにふいに、こんな風なことを考えだしたりする。

——いったいおれたちは何だってあの娘ッ子のことを、こんなにちやほやするんだね？　第一、あの娘ッ子にそんな値打があるというのか？　え？　おれたちはあの娘ッ子をあんまりたてまつりすぎるぜ！

だが、その男がそれをもし口にだそうとでもしようものなら、私たちはいそいで、むりやりにそれをおしとどめるのであった。

ここでは語り手と語られる者の同一化がある。先の「女の話」のくだりでも、誰かがそれをやりだせば「自分でも」耳を覆いたくなるという表現があり、ここでも、誰かがそれを「口にしようとしている」ことが全員にわかるのである。SF的にいえば、まるで二十六人がテレパシイによって結びつけられ、ひとつの人格になってしまっているようなおかしな感覚である。

「夢」や「理想」を追う男たちのロマンティシズムと斬新な手法が効果的にからみあった部分であろう。これは現代にも通用する、極めて新鮮な感覚であることをここで強調しておきたいし、また、これに反対するひともいないだろう。

実はこの作品を読んで間なしの二年前のことだ。アメリカ文学会に引っぱり出され、たまたまこの作品の手法の新しさについて話したところ、司会役を務めていた慶応大学講師の巽孝之氏が、この手法と、わが長篇「虚航船団」の一エピソードとの類似を指摘した。「虚航船団」に登場する文具船という船には二十五枚でひと組の雲形定規なるものが乗っていて、実はこの連中、互いにテレパシイで結ばれ、ひとつの人格を形成しているという設定だったのである。自分ではまったく気づかなかったのだが、このゴーリキーの短篇に強くひかれたのは、五年前自分の書いたことがすでに九十年も昔に、設定ではなく手法としてみごとに作品化されていたことを知ったからではなかっただろうか。

さて、この二十六人のパン職人の主人は、同じ地下室にもうひとつ、白パンの製造場を持っていた。

しかし、そっちの方のパン焼職人たちは——四人いたけれど——自分らの仕事の方が私たちの仕事よりも高尚である、したがって人間としても自分らの方が私たちよりもすぐれているのだ、という風にかんがえて、いつも私たちをさけていた。彼らはけっして私たちの仕事場にやってこなかった。(略)私たちはその白パン焼の職人どもがきらいであった。というのは、じつは私たちは彼らを嫉妬していたのだ。彼らの仕事の方が私たちのよりもずっとらくであって、しかも彼らの方が私たちよりは給料もよければ、食べ物もいいのだ、その上に彼らの仕事場の方がずっとひろびろとしていて、明るいのだ。

その白パン工場に新しい職人が雇われてくる。兵隊あがりのハイカラ者で、気さくに二十六人の仕事場へ入ってきてお喋りをしたりするので、二十六人は最初この男に好感を持つ。この男は好男子であり、自分がいかに女にもてるかを話して聞かせる。やがて男は金糸の縫箔をやっている娘たちに手を出しはじめる。こうなってくると二十六人はターニャのことが心配でならない。だが、彼女がやってきたときにそれとなく男のことを訊くと、ターニャは「どんぐり眼《まなこ》の牛モウモウ」などといろいろ滑稽な綽名で呼んで兵隊あがりを蔑むのですっかり安心し、ターニャを誇らしくさえ思うのだ。

ある日男は少し酔っぱらってやってきて二十六人に、ふたりの女がおれのことで喧嘩をしたなどと、誇らしげに報告する。ターニャの影響でこの男を蔑む気持になっていた二十六人は、高笑いする男に反感を抱き、ついにぷりぷりした焼き手が馬鹿にした調子で、雑魚をつかまえるのはわけはないが、鯉をつかまえるのは難かしかろうぜと言う。それはいったい誰のことだと、兵隊あがりは心底から怒って焼き手につめ寄り、訊ねる。この男にとっては「女をたらしこむ手際よりほかには、自慢になるものは何もなかった」のであり、「ただそれによってのみ自分を生きた人間と感じることができる」のだった。

焼き手がターニャの名を口にすると、兵隊あがりは二週間で彼女をものにして見せると宣言し、立ち去る。それまでふたりの言い争いを黙って聞いていたほかの者は、急に喋り出す。

……………

だれかが焼き手にむかって叫んだ。

——とんでもねえことをやっちまったな、パーヴェル！

話の三分の二を過ぎたここになってはじめて、二十六人の中のひとりの固有名詞が出てくる。焼き手の名前である。しかしこれは焼き手の個性を際立たせるためではなく、焼き手が二十六人のリーダーであるという意味でもなく、もちろん彼が主人公だというのでもない。兵隊あがりがターニャに手を出すのではないかという心配をいちばん最初に口にしたのがこの焼き手であることからもわかるように、この焼き手は全員の心の声であり、外部に対してはスポークスマンであり、機械の部品でいえばスピーカーの役をつとめているのである。もう少しあとでは、この焼き手が利口な人間であること、「私たちのうちでいちばん賢い人間だということ」を、みんなが知っていたというくだりがある。しかし彼の言うことや、彼が何を言おうとしているかは全員にわかっているのである。焼き手は二十六人の内心の葛藤を意識化する才能にも長けているのだ。

私たちは、私たちの女神の強さをためしてみたくてたまらなかった。(略)その日以来私たちには、なにか特別な、一種気持の張りつめた生活がはじまった。(略)やがてそのうちに、白パン焼の職人どもから、兵隊あがりがいよいよ「われらのターニャに言いよりはじめた」ということを知らされると、私たちはみんな急にそわそわしだし、はげしい好奇心にとらわれてしまった――主人が私たちのこの興奮状態をたくみに利用して、私たちの一日分の仕事に捏粉を十四プードも増したのさえ気がつかないくらいであった。

……………………………………

といった状態で、いよいよ最後の日がやってくる。二十六人はその日もやってきたターニャの様子を無遠慮に観察する。ターニャはいつもと違う二十六人の態度に驚き、やがて顔色を変え、焼き手と二、三の問答をかわした末に、パンを受けとらぬまま駈け去ってしまう。焼き手は言う。

――どうやら……せしめられたな！……あの兵隊あがりの畜生め！……なんて太てぇ野郎だ！……

……………………

しかしまだ一縷の希望だけは残していた二十六人のところへ、正午になって兵隊あがりがやってくる。彼は得意そうに笑いながら、あの出入り口の横の隙間から覗いて見ていろという。

二十六人はすぐさま出かけていき、中庭に突き出している出入り口の横の板塀の隙間に押しあいながらかじりつく。

やがてターニャがあらわれ、いそぎ足で中庭を横切って穴倉の戸口に姿を消した。そのあとから兵隊あがりが、口笛を吹きながらやってきて、そこへ入っていく。

雨の降る中、しばらくの時が経ち、こんどは兵隊あがりがさきに出てきて、中庭を戻っていった。


……………………………………


まもなく、ターニャもでてきた。彼女の双の眼は……ああ、歓喜と幸福にもえているではないか！　そして唇には微笑がただよっている。彼女は、まるで夢でもみているように、おぼつかない足どりで、よろめきながら、歩いていった……

私たちは平気な顔をして、だまってそれを見すごすことはできなかった。(略)いっせいに中庭にとびだしてゆき、口笛をふきならして、ありったけの声をふりたて、荒々しく、憎々しげに彼女にわめきたてた。

ターニャは顔から血の気を失い、立ちすくんでいる。二十六人は自分たちが誠意を尽した彼女の裏切りに仕返しをするつもりで、悪口雑言を投げつける。

……………………………

ふいに彼女の両眼がきらりと光った。彼女はもう悠然とかまえて、両手をあげて髪をなおし、甲高いけれどおちついた声で、私たちに面とむかってきっぱりといった。

——あーあ、あんたたちはみんな気の毒に、牢屋へ入ってるようなもんね！……

彼女は歩き出す。二十六人の囲みを抜けると、彼女は誇らしげに叫ぶ。

——チョッ、畜生め……いけすかない奴ばっかしだわ……

そして、この生一本な、美しい、自尊心のたかい少女は去っていった。

……………………………

私たちは、中庭のまんなかの泥濘のなかに立ちつくしていた——太陽のない灰色の空の下で、冷たい雨にうたれて……

やがてそのうちに私たちもだまりこくって、あのじめじめした石の穴倉のなかにかえっていった。あいかわらず、太陽は私たちの窓からのぞきこむことはなかった。そしてターニャももうそれっきり私たちのところにはやって来なくなった!……

……………………

「夢」や「理想」や「希望」が、醜い現実によって無残に打ち砕かれるというのが、初期のゴーリキー作品の特徴だった。この短篇の結末もまさにその通りといえそうだが、二十六人の「私たち」という主人公に、ターニャというたった十六歳の少女に対してそのようなはかない「夢」「理想」「希望」を抱かせることになった原因といえる、リアリスティックに描写される地下のパン工場の悲惨なありさまも、二十六人の「私たち」という代名詞によって抽象化されてしまい、全体はなんとなく童話じみた、透明感のあるあと味を残す。ゴーリキーはこの作品に「叙事詩(ポエマ)」というサブタイトルをつけているそうだが、これは当然、全体を一人称複数で貫いた効果がゴーリキーには自覚されていたのであろう。

しかしまた、体験から生まれたリアリティのある描写が、この一人称複数という実験的な手法を正当化していることもまた間違いのないところであり、そう考えてみるとこの短篇は、リアリティとロマンティシズムと手法が三位一体となって詩的な高い格調を保っているということが言えるだろう。この、ほとんど稀な、内容と技法の幸福な出会いを見るとき、作家としては羨望にたえないのだが、ただ羨望しているだけではいけないのであって、このナイーヴな傑作がゴーリキーという作家の必然によって生み出されたのであるということを、われわれはよく認識しなければならない。

(『ゴーリキー短篇集』上田進・横田瑞穂訳編)

7

トオマス・マン

「幻滅」

社会体験がほとんどないままに小説を書いてしまうということが可能だろうか。

ひと昔前、いわゆる文学青年といわれる社会体験のない大学生などが壮大なテーマに挑んだ作品を書くと、たいていは観念的な、登場人物が議論ばかりしている小説になったものだが、そうした観念小説、必ずしもリアリティのない駄作ばかりではない。天才的なひとの手にかかると、社会体験のない作家が思いもよらぬ傑作を書いたりする。これが小説の面白いところである。大学生時代に処女作を書いて文壇に登場したひとが多い事実は、小説が決して豊富な社会体験、年季の入った技巧、長い年月の思索などによるものだけではないことを示している。

とはいうものの、これはやはり生れついての才能とか天才とかによる場合が多く、普通のひとが社会体験のない学生時代に小説を書いて、なかなかおいそれと傑作を生み出せるものではない。たとえのちに傑作を書くことになる作家といえども、その学生時代の習作というのは、やはり生煮えの知識を振りかざした、どうにもならない議論小説などであったりする。

「生れつきの才能」とか「天才」とか言うと反撥するひともいるのでつけ加えておくと、これは環境や教育の影響も含めた「才能」や「天才」の意味であり、努力以外本人にはどうしようもないことなのでそう書くほかはないのである。さらに小説にリアリティを持たせるための観察眼、現実から虚構を生む想像力といったものは、いかに周囲が教育しようが本人が努力しようが若いうちはどうにもならない場合がほとんどだから、やはり「才能」「天才」という以外にないのだ。

トオマス・マンが処女短篇「転落」を書いて詩人デーメルに認められたのは十九歳のときであり、これはやはり天才というほかはない。この短篇が偶然の産物ではなかった証拠に、彼はその後次つぎに短篇小説を発表し、二十三歳で最初の短篇集を刊行してその芸術的才能を認められているし、さらには二十六歳で完成させた、かの長大な大河小説「ブッデンブロオク家の人びと」を構想し、書きはじめたのが十八歳のときであり、主にこの作品によってノーベル文学賞を受賞しているのだから、もはや大天才といっても何ら差支えはない筈だ。

ここでとりあげるのは一八九六年、トオマス・マンが二十一歳のときに書いた「幻滅」という短篇である。二十一歳で書いたのだから文字通りの「若書き」であり、一種の観念小説である。『トオマス・マン短篇集』の冒頭に収録されているこの「幻滅」を訳者の実吉捷郎氏は「とりたてて言うほどのものでもないが」と言っている。しかしぼくの評価は高くて、若書きでありながらただの若書きに終っていず、むしろ社会体験があまりない青年時代の若書きであり一種の観念小説であったからこそこういう作品が生まれたのではないかとも考えられ、そうした意味ではちょっと他に類を見ない、やはりすぐれた作品ではないかと思うのだ。実吉捷郎氏も、これが書かれたころ日本はまだ硯友社の全盛期であったことを考えると「一種の驚嘆に打たれる」と述べている。

話は語り手の「僕」がサン・マルコの広場で毎日のように出会う「見知らぬ男」のことから書き出されている。

僕は白状する。あの妙な男の話したことは、僕をまるっきり混乱させてしまったのである。

次いで広場の美しい風景と、男の様子が描写される。男の様子はこんな具合である。

こうやって書いているうちにも、あの男の姿は髣髴《ほうふつ》として眼の前にある。丈《たけ》は並よりも低いくらいで、足早に背中をまるめて、うしろに廻した両手でステッキを持ちながら歩く。(略)年は三十ぐらいだろう。あるいは五十かもしれない。顔はきれいに剃ってあって、心持厚ぼったい鼻と、だるそうに物を見る灰色の眼とがある。口もとにはわけのわからない、やや内気な微笑がたえずただよっている。ほんの時々眉を挙げては、探るようにあたりを見廻す。また足もとへ眼を落す。二言三言独りごとをいう。首を振る。そうして微笑する。まあ、こんな調子で、あの男は根気よく、広場を往ったり来たりしていたのである。

小説にリアリティを持たせるための観察眼というのはこうした描写の際に必要であり、凡百の「若書き」「観念小説」にはいちばん欠けているものだ。

トオマス・マンは一八七五年にドイツ西北部のリュウベックで、穀物商を営む旧家に生まれた。だが、副市長にもなった父親が急死すると一家は破産、没落した。トオマス・マンが十五歳の時である。こういう経歴は偉大な作家が生まれるパターンのひとつであり、彼の兄のハインリッヒ・マンもまた映画「嘆きの天使」の原作「ウンラート教授」で有名な作家である。

この旧家の没落という体験が長篇「ブッデンブロオク家の人びと」のテーマになっていて、穀物商を営むブッデンブロオク家の四代にわたる物語の最後は破産に終っているのだが、トオマス・マンはこの四代目にあたるハノーという少年に少なからず自分を投影している。何代も続いた豪商の家庭が過度に精神的な洗練を受けて生活力を失うと、最後には芸術的な素質を持った者があらわれるものの、家は没落するという典型例を、トオマス・マンは自らの家庭に見出したのだった。ハノー少年はピアノの天才なのだが、虚弱であり、チフスにかかって死んでしまう。

その後トオマス・マンは母と一緒にミュンヘンに移り、ここで火災保険会社にしばらく勤めるのだが、これが唯一の社会体験であろうか。むろんそれ以前に家の破産という、より重大な体験をしているわけだが。

またトオマス・マンはこのころイタリアに遊んだこともあり、その体験がこの短篇「幻滅」

におけるヴェニスのサン・マルコ広場の描写として生きている。破産体験といい、少ない体験をこれほど効果的に生かせることができるのも、やはり天才なればこそと思えるのだ。

しかし、いかに天才といえど、わずかな体験をそのまま小説に書いて傑作ができるというものではない。たとえば「ブッデンブロオク家の人びと」にしても、健康で堅実な市民性が、やがて死に共感するような芸術的、主観的なものに解体していくという、ショーペンハウアーの哲学から得た観念で貫かれている。ショーペンハウアー以外にもトオマス・マンはニイチェに影響を受けたし、同時代のヨーロッパ文学、特にリアリズムの作家たちの多くに親しんでいる。このようにして社会体験の少ない作家はその作品の中に自分が影響を受けた過去の文学作品を「準拠枠」として使わざるを得ない。それがどの程度に使われているか、なまのままで使われているか咀嚼《そしゃく》されて使われているか、何を準拠枠として使っているか、それによってその作品の完成度やジャンルが決ってくるのである。一時期、ショーペンハウアーやニイチェはしばしば若書きの観念小説になまのままの姿で登場してわれわれを辟易させたものだが、トオマス・マンともなればさすがにそんなことはない。

さて、『トオマス・マン短篇集』の解説で実吉晴夫氏は、初期のトオマス・マンにおけるテーマが「芸術対実人生」「芸術家対市民」「凡俗の人とアウトサイダー」であったと書いている。この「幻滅」という短篇もまた然りであり、主人公には「ブッデンブロオク家の人びと」におけるハノー少年の影が見られる。

……………………………………

この時以来、僕は毎日あの男を観察した。それはあの男の仕事というのが、天気のいい日でも悪い日でも、午前でも午後でも、いつも独りぼっちで、いつも変らぬ奇妙なものごしで、三十回も五十回も、例の広場を往来することよりほかには、なんにもないように見受けられたからである。

ある晩広場で小さなテーブルについていた「僕」のとなりのテーブルに、その男がやってきて腰をおろす。声をかけるのは男の方からである。ヴェニスにははじめて来たのかと下手なフランス語で訊ね、「僕」が英語で返事すると男はドイツ語で喋り出す。男はどうやら教養ある人物らしいと読者にはわかる。

「なにもかもはじめてごらんになるのですな。それで御期待に背かないのですな。――それどころか、あるいは御期待よりもまさっているのですかね。――ははあ。これよりきれいだとは考えておられなかったのですか。――ほんとうでしょうね。そうおっしゃるのは、幸福な、うらやむべき人間だと思われたいためばかりではありますまいね。――ははあ。」

ヴェニスは素晴らしいというのが噂だけではなかったという「僕」に対して変な感心のしかたをしてから、自分はどうやらヴェニスには失望したと言いたい様子の男は、幻滅とはどういうものか知っているかと「僕」に訊ね、そしてこの男の、つまりこの話の主人公の身の上話が始まる。

「まず私が、あるちっぽけな町の牧師館で人と成ったということを、御承知ください。その家の清潔すぎるほど清潔な部屋部屋には、昔風に荘重な学者的楽天主義がみなぎっていました。そこでは説教的美辞麗句のかもす一種特別な雰囲気を、みんな呼吸していました——つまり、善悪美醜に対するあのぎょうさんな言葉ですね。あれが私は大嫌いなのです。なぜといって私の悩みは、おそらくそういう言葉の、ただそれだけのせいなのですから。

「人生というものは、私にとってはまったくのところ、いろんなぎょうさんな言葉から成り立っていました。なにしろ、そういう言葉が心中に呼び起す、あの絶大な茫漠たる予感をのけたら、私は人生についてなにひとつ知っていなかったのですからね。私は、人間からは神のごとき善良と、身の毛もよだつ邪悪とを期待していました。人生からは、目もさめるような美しさと物凄さとを、期待していました。そうして私の胸は、すべてそういうものに対する欲望で、いっぱいになっていたのです。それはひろい現実への深い、不安にみちた憧憬です。どんな種類のにしろ、ともかく体験というものへの憧憬です。酔いしれるばかり華やかな幸福と、いいようもなく、思いも寄らぬほどおそろしい苦悩とへ向っての憧憬なのです。

ここまではまだ、この男が何を言っているのかよくわからない。「ぎょうさん」という訳語は「たくさん」ではなく「大袈裟」という意味だが、この男が何やら繊細な感受性と特異な感覚を持っているらしいことが推察できるのみである。

「私の生涯の最初の幻滅のことを、私はまだ悲しいほどありありと覚えています。ここでちょっと御注意を願っておきますが、その幻滅というのはですね、決してある美しい希望が破れたことではなくって、一つの不幸がはじまったことにあるのですよ。まだほとんど子供の頃でしたが、ある晩私の家《うち》に火事が起りました。火は知らぬ間に意地悪く燃えひろがってしまって、小さな階層全体は、もう私の部屋の戸口まで焼けてきました。階段にももうじき火が廻りそうになっています。それに気がついたのは、私が最初でした。私は覚えていますが、ころがるように家を駈け抜けながら、繰り返し繰り返し「そら燃えてるぞ。そら燃えてるぞ。」とどなったのです。この言葉はごく精確に記憶していますし、同時にまたこの言葉の底にどんな感じが潜んでいたか、それも知っているのですよ。――もっともその時には、それが意識に上ってはこなかったでしょうけれどね。これが火事だな、と私は感じたのです。今おれは火事に会っている。だが、もっとひどいものじゃないのか。

これだけのことなのか。——

「もちろん、それは決して小さなことではありませんでした。家はすっかり燃え落ちて、私たちはみんな、やっとのことで命からがら危険を脱れたのですし、おまけに私自身は、かなりひどい怪我をしたくらいだったのですからな。それにまた、私の空想が出来事の先廻りをして、自分の家《うち》の火事というものを、実際より怖ろしく描き出していたというのも、おそらく当を失しているでしょう。しかし、なにかもっとずっと物凄いことについての、漠然たる予感、おぼろげな観念といったようなものが、私の心中には生きていたのですから、それと比べて見れば、現実はいかにも影が薄いように思われたわけなのですよ。この火事が、私の最初の大きな体験でした。つまり、一つの恐ろしい希望が、これでもって幻滅に会ったのですな。

「御心配には及びません。私は私のいろんな幻滅を、一々こまかくお聞かせしはしませんから。ただこれだけ申し上げればたくさんなのです。それは、私が人生に対する大げさな期待を、因果にも一生懸命になって様々な書物で——詩人たちの作物で養ったということですよ。ああ。私はあいつらを憎むようになりました。あの詩人どもを。

ここでやっと、この男の幻滅の正体がはっきりする。それは何もこの男だけが持っている特異な感受性ではなく、われわれにとっても馴染みの深い、小説を読もうというほどの人間ならある程度は誰でもが経験しているあの感覚だったのだ。

実際、若くして多くの詩や小説に馴れ親しんでしまうと、社会体験皆無であってもなんとなく人生がわかってしまったような気になるものだし、いざ社会に出ると体験することすべてが小説のように感動的ではないため、失望したり幻滅したりするものである。早い話が恋愛である。詩や小説でもっとも多く感動的に描かれているのがこの恋愛だから、われわれは恋愛をどのように素晴らしいものかと過大に期待し、現実にさほど素晴らしい恋愛ができるわけはないので失望したり、素晴らしい恋愛を求めて彷徨したり、女性全体に幻滅したりする。恋愛したとしても自分を客観的に眺めて、批判的になったり冷笑的になったりする。他のさまざまなことに関しても似たような感覚で受けとめ、似たような態度をとることになる。これがいわゆる「書物に毒された」状態である。

二十一歳のトオマス・マンにもこうした体験があったに違いない。多くの蔵書を持つ旧家に生まれた者が読書好きになったりするとこういうことになる。家の蔵書を読破し、それだけでは飽き足らずにより現代的な書物を求め、あらゆる人生を前以て疑似体験してしまうのだ。実人生に幻滅し続ける「幻滅」の主人公の次のような感懐は、二十一歳のトオマス・マンが、自分だってもしかするとこうなった可能性もなくはない筈だという空想のもとに、自己の現実感覚を主人公の架空の人生に投影したものであろう。

「私はその名も高い人生の中へ出て行きました。私の偉大な予感に釣合ってくれるような体験が、一つでもあればという熱望で、胸をいっぱいにしながらですね。ところがなさけないではありませんか。そんなものは、私には授けられなかったのです。私はほうぼう歩き廻って、世界でも最も高名な場所を訪《おとの》うたり、または人類が最大級の言葉とともに、そのまわりを躍り廻っているような芸術品を見に行ったりしたものです。その前に突っ立って、私は独りごとをいいました。——これはみごとなものだ。しかし、こうもいったのです。——だが、もっとみごとなものじゃないのか。これだけのことなのか。

こうして主人公はあらゆることに幻滅し続ける。失恋にまで幻滅するのだ。

——これこそは大なる苦痛だ。今おれはそれを体験しつつある。しかし、結局これがどうしたというのだ。

最後には幸福にまで幻滅する。こうなってくると、これはもう観念の世界である。この短篇のことを「一種の観念小説」だと書いたのはそういう意味だ。

「あるいは私の視野は、ほかの人たちのよりも狭いのでしょうか。さっき私は、事実というものに対する感覚を欠いているといいましたが、もしかすると、その感覚がありすぎるのでしょうか。私の能力は、あまりに早く尽きてしまうのでしょうか。私はあまりに早くおしまいになってしまうのでしょうか。私は幸福でも苦痛でも、ただ最低度の稀薄な状態のところだけを、知っているにすぎないのでしょうか。

実際には、実人生で苦労するうちにこうした感覚はいつしか薄れていき、現実の側から物ごとを見るようになる。したがってトオマス・マンはこの作品にリアリティを持たせるため、どうやら主人公に社会的な仕事をしなくてすむ身分をあたえたようで、二十一歳の作家とは思えぬ配慮がなされている。

このような感覚は長く社会で生きてきた者にとっては、たしかに「ちょっとした感覚」に過ぎず、小説にしようとまでは思わないだろう。しかし二十一歳のトオマス・マンにとっては大切な感覚であり、一篇の短篇小説として仕立てるに充分な重要性を持つ感覚だった。だからこそ「若書き」でしか生まれなかった作品と言えるのだし、「若書き」でも書け、「若書き」であった方がその感覚にリアリティをあたえることができる作品だったのである。

この作品のテーマもまた「芸術対実人生」「凡俗の人とアウトサイダー」という初期のテーマに含まれるだろう。主人公は芸術家でこそないものの、詩や小説によって生の意識が稀薄になった人物、「市民」の眼からは「芸術に毒された犠牲者」である。そういうテーマが観念的だから観念小説だというのではなく、凡人の眼からは「ほんのちょっとした感覚」としか思えないものをとりあげ、その感覚にとりつかれた人物を典型として造形し、その人物の姿を借りて徹底的に突きつめ、観念の域にまで到らしめたことを言っているのだ。
それでもなお、若書きによる偶然の産物ではないかと疑うひとがいるかもしれない。確かに天才トオマス・マンにとっては偶然の産物だったかもしれないが、われわれ凡百の作家がいかに幸運に恵まれても、ショーペンハウアーの哲学書によって「芸術対実人生」「凡俗の人とアウトサイダー」といういわば小説における永遠のテーマともいうべきものを見つけることに始まるこれだけ多くの偶然に恵まれることはまず、ないのである。
「幻滅」の結末は、それまでの主人公の身の上話から導き出される当然の、そしてみごとな結末だ。

「ああ。私はもうあいつのことを実によく知っているのですよ。死のことを。この最後の幻滅のことを。私は臨終の時、胸の中でこういうでしょう。——これが死だ。今おれは死を体験しつつある。しかし、結局これがどうしたというのだ。

死にも幻滅して死ぬだろうと主人公は予感しているのである。そして主人公はユーモラスに

「僕」と別れるのだ。

……………………

「ところで広場も寒くなってきましたね。それは私にだって感ぜられますよ。へへへ。これはどうもはなはだ失礼しました。ごきげんよう。」――

(『トオマス・マン短篇集』実吉捷郎訳)

8
サマセット・モームの短篇小説観

サマセット・モームといえば、多くの人が高校、大学時代に英語のテキストで学び、和訳に苦しんだ記憶があるためか、なんとなく教養主義的な雰囲気を持つ作家で、作品は格調の高い文章で書かれていて、内容も高尚で難解であったという印象を持っている。通常われわれは、教科書にのった小説は面白くないように思う傾向があり、だから何年か経ってもういちど読み返してみようとする人は稀である。

しかし実はサマセット・モームは面白く、文章も平明だ。題材も高尚とはいえず、代表的な短篇「雨」には売春婦が登場するし、結末も冒瀆的で、キリスト教徒などは怒るかもしれない。

モームの短篇小説の代表作といわれるものには他に「赤毛」「マキントッシ」があり、この三作は『雨・赤毛 他一篇』というタイトルで短篇集となり、岩波文庫に入っている。この三作、及びその他のモームの短篇に共通して言えるのは「意外な結末」である。教科書にのることが多いのは、効果的な結末を短篇小説作法として学ばせる意図もあるのだろう。

ぼくはアンブロウズ・ビアスの章で、文学作品における意外な結末というものに疑問を呈しておいた。もちろん「アウル・クリーク橋の一事件」のような傑作も稀には生まれることがあるし、モームでいうなら、いささかの無理を無視すれば「赤毛」の結末も優れている。しかしビアスの章で述べたように、高い文学性と意外な結末が結びつくことは滅多になく、ほとんど偶然の産物といっていいくらいの率でしか成功していない。

サマセット・モームはそうしたことを自分でもある程度は心得ていた。事実、モームの短篇の「アッといわせる結末」を批判して、低俗だという意味の評価をする人もいたらしい。これに対しモームはいろいろなところで反論し、弁明していて、『雨・赤毛 他一篇』の訳者、朱牟田夏雄氏は同書の解説でそのいくつかを紹介している。

> ある小説がたくみな構成をもち、劇的で、読者をアッといわせるような結末をもっていると、批評家はよくそれだけでこれは雑誌小説だと一言で片づけるが、これはまちがっていると思う。アッと言わせる結末は、それがある物語の自然な結末である以上、何ら非難

する理由とはならぬ。オー・ヘンリーの短篇のあるもののように、それがただ読者に背負投をくわすために理由もなくとってつけられる時にのみ、そういう結末はけしからんのである。また小説は、始、中、終をそなえて、きちんと組み立てられていては悪いということも決してない。今日は、生半可にチェホフをかじった影響で、どこからでもはじまり、消えるように終ってしまうような小説がはやる。そういう作家たちは、一つの気分とか印象とかあるいは一個の性格とかを描き出せば、それで十分と考えている。それはそれで結構だが、しかしそれはストーリーではないし、それで読者が満足するとは私は思わない。読者は不審を宙ブラリンのままほうり出されることはきらいであり、自分の疑問に答えてもらいたいのだ。このごろはまた話の中に事件が出てくるのをおそれる傾向があって、その結果は何も事がおこらない退屈な話の洪水である。これも事によるとチェホフの責任ではないかと私は思う。かつてチェホフはこう書いている。「人々は普通、北極に出かけて行って氷山から落ちるというようなことはしない。勤めに出かけ、細君と争い、キャベツのスープを吸っているのである」と。しかし、事実北極に出かけてゆく人もあるのだ。よし氷山から落ちはしないまでも、それに類する危険を経験するのだ。してみれば作家たる者が、そういう人たちを材料にして、キャベツのスープを吸う人たちを題材にしたばあいに劣らぬすぐれた話を、書いて悪い道理はない。それに、勤めに出かけ細君と争いキャベツのスープを吸うだけでは、明白にもの足らない。チェホフだってそれでもの足りると思っていたのでは決してない。仮にもストーリーになるためには、人々は勤め先ではした金をぬすんだり、細君を殺したりすてたりせねばならぬし、またキャベツのスープを吸うにしても、そこに感情なり意味なりがはいって来なければならない。そのときはじめてキャベツのスープは、満足な家庭生活の象徴ともなり、失敗した家庭生活のそれともなる。こうして、それを吸うことが氷山から落ちるのと同じ悲劇的破局ともなり得るのだ。しかし世間に珍らしいという点ではどちらも同じくらい珍らしいので、要するに結論は簡単である。作家も人間である以上、自分が一番上手にやれることが世界で一番やり甲斐のあることのように思い勝ちであるが、チェホフもやはりそのように思いこんだというまでのことである。……

これはほとんどエンターテインメントの作家の主張である。ぼくは何も文学とエンターテインメントを厳密に区別しようというのではないが、モームの短篇小説作法はエンターテインメントの作家にとって必要欠くべからざる知識や技法である反面、すべての短篇小説にとって重要というものではない。なんとか意外な結末にしようとして、とってつけたような結末にするのはけしからんという部分のモームの意見には賛成だが、これはエンターテインメントであっても、どんなジャンルの小説であっても、どのみち好ましいことではない。

実は、サマセット・モームという作家は、われわれが英語のテキストを通じて抱いていた印象とはうらはらに、当時の批評家たちからは通俗的と言われ、自らもプロフェッショナルな作家であると任じていたらしいのである。それは彼が「インテリ階級のお気に召さないことは不幸だが、私は毅然としてそれに耐えてゆくつもりだ」と書いていることでもわかるし、国際的に広く読者を得たのもその大衆性のためだったのである。

朱牟田夏雄氏は、解説でこう書いている。「モームがチェホフについて言ったことは、裏返せばそのままモーム自身にもあてはまる。つまりモーム自身もまた、「自分が一番上手にやれることが世界で一番やり甲斐のあることのように」思いこんでいる、ともいえるだろう。」

なぜかモームはチェーホフを自分とはまったく資質の異る作家と見て目の敵のようにし、他のところでも反撥してこう書いている。

自分が短篇を書き出したころは、英米の作家たちはまるでチェホフ一辺倒であり、何びとにもあれ芸術的資質があって短篇小説を書こうとするものは、絶対にチェホフ流に書かねばならぬとされていた。なるほどチェホフの短篇は立派なものである。が、彼には彼の限度があり、彼チェホフは賢明にも自身のその限度を彼の芸術の基盤とした。たとえばモーパッサンの『首飾』のように、食卓で語っても人をひきつけるような、ああいう引きしまった劇的な「話」を考え出す才能は彼にはなかった。人間としては彼は快活で実際的な人柄だったらしいが、作家としてはふさぎ屋の憂鬱質で、そのために人間のはげしい行動とか多彩さとかいう面には背をむけた。彼の見る人生は単色の人生であった。……ところで私にはチェホフ流の短篇は、書こうと思っても書けたかどうかわからない。私にはその気はなかった。私は、幕あきから結末まで、きっしりと引きしまって、とぎれのない一線をなして進行する、そういったストーリーが書きたかった。私は短篇小説というものを、物質的なものにもせよ精神的なものにもせよ、ただひとつの出来事を語るもの、その出来事をはっきり説明するのに絶対必要でないものは、一切排除することによって劇的統一を与え得るもの、と理解した。いわゆる「ねらい」というか「おち」というか、そういうものを持つことを私はおそれなかった。「おち」がいかんというのは、それが論理的でないばあいだけなので、それが単に効果だけをねらって正当の理由もなくとってつけられた例が多すぎたために「おち」が不信を買ったのだ、と私は考えた。一言でいえば私は自分の短篇のおわりを、「……」で終らせるよりははっきりとフル・ストップで結ぶほうをこのんだのである。

チェーホフ流の短篇の流行に対する反撥とはいえ、これだけ自覚的に自分の短篇小説作法を決定し、主張した作家は珍しい。しかし読者諸氏はこの短篇小説作法をどう思われるだろうか。ひとことで言うならこれは短篇小説の作法というよりも一幕劇の作法なのである。「幕あきから結末まで」とか「劇的統一」とかいったことばが見られることでもわかるようにモームは短篇小説を書く場合にも彼が学んできた劇作法にとらわれ、短篇小説の中にまで三一致の法則を持ち込んだのだった。「雨」も「赤毛」も「マキントッシ」も場所は一定、人物は数人、そ

してある一定時間内に事件が起り、終る。「雨」などは劇化上演されているし、「赤毛」は登場人物が三人である。

モームは短篇小説作法をうんぬんする以前に、小説という形式の意味、ぼくがこの本の冒頭で書いた、あらゆる文芸ジャンルの形式の束縛から逃れようとしてあらわれたものこそ小説であったという、小説の歴史的な意味を忘れていたのではないだろうか。

読者の秩序冀求を満たし、予定調和を持つそうした安定感のある作品は、たしかに読書大衆から喜ばれる。もちろんそうした作品が高い芸術性を持つことも確かにあるので、存在意義を否定することはできない。しかしモームが反撥するチェーホフの短篇と比較して、どちらがより小説的かと判断したとき、ぼくはやはりチェーホフの短篇小説の方を高く評価せざるを得ないのである。

ここでモームの名誉のためにつけ加えておくが、モームは小説の小説らしさということにまったく無自覚だったわけではない。彼が短篇小説について書いたことはすべて彼の短篇小説についてのみあてはまることであり、短篇小説で彼が駆使した戯曲的な技法は、長篇小説にはまったく見られない。長篇「剃刀の刃」などでは、結末近くにおける主人公ラリーと、モーム自身である語り手とがえんえん思想論争を展開したりして構成が乱れ、モーム自身でさえまとまりの悪さを認めているくらいである。つまりモームは、自分が最終的に到達した人生観(「剃刀の刃」は一九四四年、モーム七十歳のときに発表された作品)を示すためには多少の構成上の破綻もしかたがないと思っていたのであり、おそらくは小説ならば許されてしかるべきだとも考えていたのではないだろうか。

一方ではこの「剃刀の刃」も、ハリウッドで映画化(一九四六年・二〇世紀FOX・制作ダリル・F・ザナック/監督エドマンド・グールディング/主演タイロン・パワー)されたことでもわかるように、やはり通俗的という評価を得ているが、それはモームが短篇小説について述べているような技法を駆使したからではない。「人間の絆」「月と六ペンス」など、他の長篇についても言えることだが、その通俗性は筋運びや展開の面白さによるものであって、つまりモームは長篇小説の醍醐味をよく心得ていて、それが戯曲的な技法や秩序冀求による予定調和とは異ったものであることもよく知っていたのである。もしモームが長篇小説にまで同様の技法を駆使していたなら、それはおそらくディケンズの長篇小説のような古典的テキストになっていただろう。モームがバーナード・ショウやH・G・ウェルズなど第一次世界大戦前の作家から、ジェイムズ・ジョイスなど戦後作家への橋渡し役をつとめたと言われるその新しさは、長篇小説における自在なストーリイ展開や語り口にあったのではないだろうか。なかば自伝的な「人間の絆」にしてからが、ビルドゥングス・ロマン(教養小説・成長小説)的な、比較的地味な内容でありながら、読みはじめた読者を飽きさせず、文庫本で全四巻をあっという間に読破させてしまうのだから、その力の非凡さには圧倒される。

そのようなモームが、こと短篇小説に関してはなぜチェーホフの新しさがわからず、それほど反撥したのだろうか。これはやはり朱牟田夏雄氏の指摘通り「自分が一番上手にやれること」だったたからであろう。モームはすぐれた戯曲作家でもあり、いくつかの傑作を書いている。いずれも三一致の法則に則り、美的に構成された堂堂たる戯曲である。

ぼくは大学生時代にモームの戯曲「聖火」の演出を試みたことがある。人間心理を追究したものだが、一方でこれは推理劇でもあった。事故に見せかけた殺人事件の意外な犯人がわかって幕となる娯楽性の強いもので、民芸が岡田嘉子主演で上演したものをご覧になったかたもおられよう。ぼくが遠まわりながら、もしかするとサマセット・モームというのは大衆性のある作家なのかもしれないと思いはじめたのはこの戯曲を読んでからだ。

次に、モームがその短篇小説の作風から、その才能に限度があるとしたチェーホフについて考えてみる。チェーホフはその作家活動の初期といえる二十歳台に多くの短篇を書いたが、それは主に生活費を得るため低俗なユーモア雑誌に書きとばしたものだった。一八八五年、二十五歳のときには一年間でなんと百二十九篇もの短篇を書いている。いずれも軽妙な作品で、醜悪な世俗の人びとへの若者らしい怒りや哀れみに満ちたものだが、なにしろ途方もない濫作だから中には愚作もあったらしい。筆名もアントン・チェーホフではなく、アントーシャ・チェホンテである。

しかしこれらの短篇によって何冊かの短篇集が生まれ、それによってチェーホフは人気を得、作家としての地位を確立した。人物のスケッチや造形力を学び、身につけたのもこの時代ではなかったか。だがチェーホフは先輩の老作家から濫作を戒められて以後、自分に対して厳しくなり、二十歳台の終りごろから次第に大きな社会的テーマに挑みはじめている。

初期の短篇集にも駄作は収録されなかった筈だし、以後の短篇は人物、風景の表現、描写にすぐれた傑作ばかりであり、モームがどの時期の短篇を読んだのかは不明だが、そのすべてに反撥したとすればこれはもう、ウマがあわなかったとしか言いようがない。モームは「一個の性格を描き出せば、それで充分なのか」という疑問を発しているが、たとえば「かわいい女」のような傑作、世界的ともいえるくらい話題になった一典型女性の創造の前にはそんな疑問もけしとんでしまう筈なのである。

モームが「このごろの退屈な話の洪水」を嘆き、その責任があると指摘したチェーホフに「退屈な話」という傑作があるのは皮肉なことだ。たしかにそこにあるのは老教授のくりごとが大半で、さほどの事件も起らない。しかしこの教授の鬼気迫る日常の描写はまさに小説でしかなし得ないことだ。

これは中篇だが、「六号病室」という傑作もある。六号病室というのは精神病棟で、その病院の院長が最後にはその六号病室に患者として監禁されてしまうというショッキングな話である。もちろん、この結末の衝撃を目的とした小説ではなく、現実の暗黒面の中に当時のロシアの知識階級が陥っている絶望を象徴的に描いたものだが、チェーホフ自身はこの小説を嫌っていたという。

いずれにせよチェーホフが自分の短篇小説の中に戯曲的技法を持ちこまなかったことは確かなようである。そしてモームの短篇のような一幕劇的な作品なら、チェーホフは一幕劇としてちゃんと書いているのだ。「結婚申込み」「熊」「煙草の害について」など、軽い喜劇ではあるが、人間性に迫っていて、アッといわせる落ちがつく。その結末に不自然さはなく、だからこそ高い芸術性を持った戯曲として、今でもくり返し上演されているのである。一方でこうした創造作業があったからこそ、小説を書くときのチェーホフは、意識するしないにかかわりなく、より小説的なものをめざしたのではなかっただろうか。決してモームの言うように「能力に限度があった」のではなく、むしろ短篇小説から戯曲作法という、チェーホフ自身だって当然持っていた筈の「限度」の枠をはずして書こうとしていたのではなかっただろうか。

そして、その戯曲作法に関してなら、チェーホフは自身の戯曲作法を完成し、偉大な四篇の戯曲を書いた。年代順に「かもめ」「ヴァーニャ伯父さん」「三人姉妹」「桜の園」である。戯曲作家としてもチェーホフはモームに一日の長があった。これはもう誰が見たってモームのそれよりもチェーホフの戯曲の芸術的価値と完成度の高さを認めざるを得ないだろう。チェーホフの戯曲作法はモームとはだいぶ異り、予定調和や結末の意外性といったものはないが、チェーホフ独特のドラマトゥルギーによる人物の配置や、結末の悲劇や破局へ盛りあげていく精緻な構成には誰もが惚れぼれする。高い芸術性をめざすための戯曲作法として、古典的法則に則ったモームには独創がなく、チェーホフにはあったといえるだろう。
つまりモームがチェーホフを凌駕し得たのはただ長篇小説においてのみということになる。もしもモームが、自分ではそれと意識できないくらい深く身にしみこんだ戯曲作法という内在律なしに短篇小説を書いていたら、どのような傑作を生み出していただろうか。

（サマセット・モーム『雨・赤毛 他一篇』朱牟田夏雄訳）
（チェーホフ『退屈な話・六号病室』湯浅芳子訳）

9

新たな短篇小説に向けて

何人かの作家とその作品を読んできたが、読みながらぼく自身が考えたことはその都度書いた。それによって、最後にここでぼくが何を言いたいかは、読者諸氏もだいたいはお察しのことだろう。

今までにとりあげてきた短篇小説を概観してみよう。中には有名な作品もあったが、たいていはその作家の、より人に知られた作品の蔭にかくれてさほど知られていないものであった。したがって、読書鑑賞会などのテキストや短篇小説作法のお手本にされたことはなかった筈だ。ところで、だからといってこれらの短篇をお手本にして短篇小説の書きかたを学べ、などというのではない。過去の作品をお手本にして小説を書くことにぼくは疑問を呈しておいた筈だし、これらの作品に似たものを書いたとしても、それらが現代の短篇小説として評価されることはほとんどないだろう。

今、仮にあなたがディケンズの「ジョージ・シルヴァーマンの釈明」そっくりの作品を書いたとしよう。書き出しのためらいは陳腐な手法とされるだろうし、読者を話に引きずりこむ技法と解釈されるから、通俗的または古典的な作品と看做されるだろう。したがって主人公の釈明が信用できない結末は当然、たとえそれが通俗的な作品、古典的な作品であっても、いや、それならば尚さらのこと、掘り下げが不徹底であるということにされてしまう。さまようディスクール、ためらうテクスト、エクリチュールの混乱といったものは、現代的な作品にこそ似つかわしく、そもそもテクストに対して行われる文学理論家の分析の結果出てくるものであり、やや古臭い通俗的な作品を書こうとしている現代作家が意図してやるべきことではないとされるだろう。そもそもこの作品は短篇小説の形式がまだ確立されていない時代のものだったからこそ、その不安定さが現代のわれわれから見て魅力的だったので、今これを書いてどこかへ提出したとすれば、短篇小説の形式にこだわる講師や評論家や選考委員の作家または編集者から、たちまち短篇小説作法の不勉強を非難されることになる。

ホフマンが「窓辺のスカロン」に似た「隅の窓」を書いたように、さらにその「隅の窓」に似た作品をあなたが書いたとしても、多くの作品を書いてきた天才作家がたまたま病床にあってその注意力、観察力を通行人に向け、これなら「窓辺のスカロン」に劣らぬ作品が書けるという自信のもとに、いちばん得意とする描写、想像を行って書いたのと同等のもの、あるいはそれ以上のものがあなたに書けるだろうか。新人作家にいちばん欠けている能力であり、とても書ける筈はなく、せいぜいがスケッチ集に終ってしまう。たとえば新宿あたりを歩いている現代人の外観からその人物像や日常に連想を働かせたとしても、類型以上のものが描ける筈はなく、テレビやマンガによる知識でなんとかギャグでごまかせないことはないが、それに類したことならさんざ試みられている。

アンブロウズ・ビアス「アウル・クリーク橋の一事件」は、そもそもが模倣を許さない作品だ。少しでも似たものを書いたらたちまち類似を指摘され、へたをすると盗作問題になりかねない。とりあげた作品中でもいちばん有名な作品だし、死の直前の意識のありようを想像し、描写しようとしている作家がしばしば思い浮かべる作品である。

マーク・トウェイン「頭突き羊の物語」にしても、眼目が話の横滑りや結末にある以上やはり類似を指摘されるだろうし、ギャグとしてあちこちで使われてしまっていて、今さらどのような不可思議な方言を駆使して書いても、語り手にいくらいい話をさせても、ありふれたユーモア小説という評価しか受けられまい。ぼくは酔っぱらい老人の繰りごとを「おもての行列なんじゃいな」という短篇で書いたが、これは狙いが異り、タブーとされる内容を酔っぱらって呂律のまわらぬ老人に喋らせたのだ。

ゴーリキー「二十六人の男と一人の少女」も模倣不可能だろう。単にある集団に加わっていたときの強烈な体験があったとしても、その集団を固有名詞なしの一人称複数で扱うには必然性がなければならず、無理をして書けば観念的になってリアリティがなくなり、ナンセンスとして書くにはナンセンスとして書く必然性や理屈が必要だ。ただ虐げられていたからという理由だけで例えば女子高校のひとクラスの生徒たちを「私たちは」で書いてもだめなのである。「生徒の個性を際立たせない」必然性が何もないからだ。

トオマス・マン「幻滅」に似たものを書けば、あるいは評価されるかもしれない。しかし、まだ誰も気づいていない、そして誰にでもある「ちょっとした感覚」を見つけるのは至難のわざだろう。作家なら誰でも自分の内部にそれを見つけようとして躍起になっているのだ。

話が技法のみに傾いたがこれは当然で、まさか現代人ともあろうものが現代により豊富な小説のテーマや内容を古典から借りてくることはない。技法にしても、そもそもこれらの作品はいずれも古典的テキストであり、これから新しい作品を生み出していこうという人たち、現代作家を目ざす人たちのお手本とはなり得ない。評論家島弘之氏の言ったことだが、その時代を表現する最も新しい小説を生み出すためには、まずそれまでに書かれた小説や同時代の小説をいやというほどたくさん読み、それに飽きあきしなければならない。飽きあきするということは、それらの小説のテーマや内容や技術に飽きあきすることであり、つまりは熟知してしまうことである。飽きあきした以上は、そのひとが新たに小説を書こうとした場合、同じようなものを書く筈はないということになる。熟知しているテーマ、内容、技術から一歩でも二歩でも前進したものを書こうとする筈だ。

しかしこの本でとりあげてきた作品は、古典的テキストであるにかかわらず、少なくともぼくには新鮮な驚きや感動を齎《もたら》した。つまりぼくはまだまだ勉強不足であり、新しい作品を生み出すほどにはそれまでの作品に飽きあきしていなかったということになる。

一方、高く評価される古典的作品は、その時代によって変っていくということも言われている。それまで顧みられることのなかった作品がその時代に通底する何かを持っていたために再評価される場合である。してみればこの本でとりあげた作品群が再評価に値するものかどうかを問うことは、ぼく自身の現代感覚が問われることになるが、これは自分では判断できない。しかし、大きく的をはずれてはいないと思う。今までにさほど大きな時代錯誤を犯したことはなかったし、なんといってもぼくとて現代に生きているのだから。

飽きあきするほど読むという意味でも、現代で再評価できる作品を見つけるという意味でも、ぼくが短篇小説の古典をたくさん読んだことはよいことだったのだ。岩波文庫はその後も毎月のように何点かずつ復刻版を出し続け、ぼくはそれらを次つぎに読み、ついに二百冊に達したが、結局のところいちばん面白かったのはやはりここにとりあげた六篇であった。しかしこれはあくまで読者諸氏とは経歴も体験も異るぼくの感想である。

伝統とはそうしたものではないだろうか。伝統を知るということはそこから抜け出して新たな可能性をさぐることができるという可能性をわれわれにあたえてくれるもの、だからこそ学ばなければならないものなのではないだろうか。新たなことに挑戦しようとしていてそれに行き詰まったとき、いやというほど知り尽している筈の伝統の中に新たな道が見つかったり、別の突破口を示唆されたりすることがあるからこそ、伝統とは「守らなければならないもの」なのではないだろうか。新たな試みが「伝統を破壊するもの」などではなく、伝統を学んだ結果であることがおわかりになると思う。

さて、ここでとりあげた六人の作家は、どのような内在律の力によって短篇小説を書いたのだろう。まだ短篇小説という形式が確立されていない時代の作家も、もう少しのちの時代の作家もいるが、彼らは自分の短篇小説の形式や技法をどうやって見出したのだろうか。

ディケンズにとって短篇小説は何よりも皆が喜ぶ「お話」だった。処女作のころこそスケッチ風のものばかりだったが、長篇小説の挿話として書き、また独立した短篇として書くときは、大衆の期待に応える恐怖談、滑稽談、異常心理物、推理探偵談などを書いた。彼がそれらを書くときの内在律は、当然「語り」の技法であったろう。長篇小説の挿話としての短篇がたいてい作中人物によって、周囲のひとたちを喜ばせるために語られることを思い出していただきたい。そうした多くの作品の中での「ジョージ・シルヴァーマンの釈明」の現代性は、まさにその「語り」のためらいやうさんくささを「語り」そのもので表現しようとした重層性によるものだった。これのみが内在律としての技術から抜け出たわけで、当時模索されていたであろう新たな短篇小説のひとつの可能性を示唆する作品となった。

ホフマンはマニエリスムと呼ばれる怪奇幻想文学の旗手とされているが、多くの短篇小説もまたヨーロッパ古来からのその伝統に則って書かれている。たとえ「小説は文学の最高の形式であり、絵画、建築、音楽といった他の芸術ジャンルからの何らの束縛を受けるものではない」というドイツロマン派の主張はあったにせよ、実際に創作するときの彼の内在律はゴシック・ロマンに必要な、計算の上に立ってなされた構成の技法と言えるだろう。これは彼の作曲した音楽がみな、形式の整った端正な作品であったと言われていることからも容易に想像できることだ。彼の絵画がどのようなものであったかはわからない。しかしいずれにせよ芸術に対して「全方位性」を持つホフマンの芸術観と小説作法が、その時代の芸術全般にわたって重視されていた構成の技法を内在律としていたであろうことは確かなように思われる。「隅の窓」だけが、たまたま病気のせいで興味や想像力を自分の身のまわりに向けたためストーリイを必要とせず、そうした形式から解放されて自由な作品になったということが言える。

フィクションを認めないと言いながらも、文学史に残る短篇集『いのちの半ばに』を出したアンブロウズ・ビアスの内在律は、彼自身がジャーナリストとして健筆をふるったコラムの技法であろうか。短い字数で簡潔に要点を伝え、効果的に最後を締めくくる文章がコラムニストには必要とされている。彼はこの技法で短篇小説を書いたのだが、その上さらにテーマを

「死」に限定することで自らにダブル・バインドを課した。死といっても、死を追究するのではなく、死を前にした人間のさまざまなありようを突きはなした文体で書いたわけであり、これは一方ではコラムで毒舌をふるって人気を得ている彼の資質にぴったりの文体でもあった。「アウル・クリーク橋の一事件」の成功は、文学的、芸術的な内在律を持たないビアスが、逆に自分に対してそのような拘束をあたえたことによる成功だ。しかしそのような二重の拘束のもとで傑作が次つぎに生まれる筈もなく、成功はほとんどこの作品のみにとどまっている。資質、テーマ、文体、落ち、すべてがこの作品に効果的に働いたからこそこんな傑作が生まれたのであり、ぼくなどはこれ一作で充分ではないかと思うのだ。

マーク・トウェインもディケンズと同じく語りの技法を内在律としたが、ディケンズの「語り」が「発話される言語(ラング)」であったのに比べると一歩も二歩も進んで、マーク・トウェインのそれは「ことばを実際に発する発話(パロール)」の技巧であった。特にこの「頭突き羊の物語」などは、彼が行ったパフォーマンスをそのまま作中人物に演じさせている。さらに、これに加えて彼はアメリカ南西部の法螺話を持ち込んだ。「事実でないばかりでなく観念さえも嘘」と言われたほどのそうした法螺話を小説に持ち込んで文学の伝統に加わろうなどと、この時代の誰が考えただろう。

ひとつひとつの短篇小説の技法について最も自覚的だったのはゴーリキーだろう。初期の彼の内在律はおそらく、リズムを意味するもうひとつの内在律が必要とされた「詩」であったろうと思われる。この時期のロマンティックな象徴詩「海つばめの歌」によって彼は革命を予言し、これを雑誌に掲載した出版社は閉鎖処分を受けたものの、レーニンには高く評価され、百万人に愛唱されたことは有名である。次第に目ざめてくる社会的意識によって、彼は一方で記録文学などのリアリズムを探求しはじめる。そうした矛盾の中で書かれた「二十六人の男と一人の少女」は、ロマンティックな象徴化の才能とリアリズム志向の複雑なからみあいの中から、「よく考えられた末の必然」として生まれた新鮮な手法によって傑作となったのである。

トオマス・マンの内在律は自然主義リアリズムだった。しかし彼はおそらくそれまでの重苦しい自然主義文学に飽きあきしていたのだろう。そこから抜け出そうとして、驚くべき自己鍛練の結果、彫刻的表現と呼ばれる技法を早くから身につけた。身につけたばかりの新鮮な技法でもって二十一歳の彼が、まさにその年齢でしか見出し得ない感覚を一種の観念小説として書いたからこそ「幻滅」のような傑作が生まれたのである。

前記の作家のうち、最初の四人に関しては主に短篇小説の形式における内在律が重要であり、あとのふたりに関しては技法の内在律が重要である。これはあとになるほど短篇小説の形式といわれるものが確立してきたためであり、新たなものを生み出すためには形式よりも技法に工夫が凝らされたからだ。もちろん形式と技法は分離して考えることがほとんど不可能だから、新たな技法によって形式もまた変化せざるを得ない。

形式にしろ技法にしろ、短篇小説にあってはその短さゆえに、さまざまな作家がさまざまなことを試みてきた。それらの中で短篇小説作法を学ぼうとする者がとり逃がしてきたかに思える形式や技法を持つ短篇小説をここにいくつかとりあげたのだが、こうした作品を読んで知り得たことは何かと言えば、せっかくの自由な形式を謳歌すべき短篇小説が今、いかに在来の形式に捕われて逼塞《ひっそく》しているかということであり、どのようなテーマであれ、内容であれ、もはや今までの形式や技法をもってしては現代にふさわしい新鮮な短篇小説は生み出せないということである。現代でしか見出せないようなテーマや内容は、それにふさわしい形式や技法によって書かれなければならず、さもなくば既製の形式、技法によってテーマや内容までが古臭いものとなり、われわれが飽きあきしてきた作品群のひとつとして加えられるのみである。「形式の革命を伴わない内容の革命はあり得ない」というマヤコフスキーのことばを思い出してほしい。

書かれるべき現代的テーマは多く存在する筈だ。現代のテーマとして、わかりやすくエンターテインメントの中から一例をあげよう。たとえば人類のアイデンティティ、その存在理由などといった、過去にはなかったSF的テーマがある。その内容はといえば、当然コンピューター社会、電子頭脳との共存というSFになるだろう。これに最もふさわしい技法として生まれたのが「サイバーパンク」と呼ばれる一連の作品である。ただし、エンターテインメントであるから形式は古典的であり、技法といっても文体の技法にとどまっている。だがそれとて過去にはなかった文体であり、形式が確立されてしまった現代においてそれを発見しただけでもたいしたことだと言える。これはあくまで、今思いついた一例である。

いよいよ最後に、われわれがこれから書くべき理想的な短篇小説を考えなければならない。あるいは短篇小説を創作するための理想といった方がいいのだろうか。この本でとりあげた短篇小説は、いずれも模倣不可能であり、だからこそ短篇小説作法のお手本にとりあげられることがなかった。ぼくの理想の短篇小説とはまさにそのような短篇小説なのである。孤高に存在し、誰にも真似られることのない短篇小説。つまりその独特な形式も技法も、ただその短篇小説だけにしか通用しないという短篇小説。そのためにはその独特な形式と技法がそのテーマや内容によってしか生かされず、他のいかなるものにも応用のきかない短篇小説。それがぼくの理想である。

もちろんそんな短篇小説がおいそれと書けるわけはなく、無茶を言うなというかたもおられよう。しかし理想は高くかかげていた方がいいのであって、ぼく自身にしてからが、わが国出版界の事情の中で短篇の原稿の締切りに追われていて、のべつそのような理想を追い求めてはいられない。だが常にその理想は頭の片隅に持ち続けるべきだと思うし、頭の片隅に持ち続けていない限りは、一生に一度くらいしか訪れないであろうそうした短篇小説を生み出すことのできる機会をとり逃がしてしまうことになるだろう。実際、どのような作家だって、真に傑作とされる短篇小説など、一生かかって多くの短篇小説を書いた末に、せいぜい一作くらいしか生み出し得ないものなのだ。アンブロウズ・ビアスの傑作が「アウル・クリーク橋の一事件」一作であってもいいではないかとぼくが言ったのはそうした意味なのである。

これから短篇小説を書こうというくらいの人なら、「一生に一作」ということを頭に置いておいた方がいい。それくらい稀にしか傑作は生まれないのだし、文学史的にはそれが当り前なのだ。既製の短篇小説作法を会得したあとは毎月の締切りに応じたルーティン・ワークとして流れ作業のように短篇を書いていけるというものではなく、それをやっている限りは一生に一作の傑作も生まれないだろう。

そのような短篇小説の傑作が生まれる過程は、この本でとりあげた作家たちが示してくれている。彼らは自己の短篇小説作法としての内在律から抜け出そうとした。あるいは偶然に抜け出た。またある作家は逆に、自己に独特の過大な拘束を課した。短篇小説作法というものなどはない、というぼくの主張ではあるが、この作家たちのこうした姿勢やその結果にだけは学んだ方がいい。いや。学ぶべきはまさにそこなのだ。短篇小説を書こうとするとき、短篇小説を書こうとする者は、自分の中に浸みこんでいる古臭い、常識的な作法をむしろ意識的に捨てなければならない。自動的に頼ってしまう形式や技法を常に意識しているくらいでなければ、そこから抜け出すこともまた不可能である。なにしろそれは今や自動化された言語の如く、新たな言語芸術を作らせまいとしてわれわれの中に巣食っている毒なのだから。

いささか煽動口調になったが、ここでいささかの自制を含め、誤解のないようにくれぐれも言い添えておく。短篇小説を学ぶために今書いたような姿勢を必ず身につけろなどと言っているのではない。さもなくば、またしても短篇小説作法の新手の教祖志願者があらわれたかと思われかねないからである。ぼく自身はもちろん正しいと信じて書いたことだが、この姿勢や考えを誰に押しつけようとするのでもない。あくまでぼく自身が自分に課した姿勢、考えであり、理想とする短篇小説作法の唯一のものなのだ。そもそもいかなるテーマも内容も、常識化された短篇小説作法の中へ自動的に当てはめて書くというのは不自然なことである。新たにつかんだテーマやアイディアが、従来の短篇小説作法や自動化された文体や言語で書くにふさわしいものだということは、百にひとつもないと思っていた方がいい。

だが、もし仮にすべての作品を、常にそのような意識のもとに、つまり従来の短篇小説作法に背くように、背くようにと心がけながら書き続けたとして、カルチュア・センターの講師から叱られるのはしかたがないとしても、批評家なり編集者なり選考委員の作家なりが本当に認めてくれるのだろうか。そういう疑問をお持ちになる人もおられよう。

たしかに従来の短篇小説作法に固執し、うるさく言う批評家もいないではないが、実は編集者の多くは、現在巷間にあふれている短篇小説には飽きあきしているのである。考えてみれば彼らこそいやというほど多くの作品を読まねばならない立場にあり、いちばん飽きあきし、切実に新しいものを求めている人たちなのだ。編集者に限らず、新しい短篇小説を求めている人は今、小説関係者にたいへん多いといっていいだろう。カルチュア・センターの講師の中にだってそういう人はいる筈だが、彼はただ、何か今までにない新しいものを書けと言うだけでは何も教えたことにならないので、しかたなく従来の短篇小説作法を教えているだけなのだ。

新しいテーマと内容を、まさにそう書くしかないという形式と技法で書き、それで人を感動させないわけがあろうか、と、ぼくなどは思うのだが、新しすぎるゆえに理解されない、ということもたしかにあり得ることだ。それならばそれでもいいではないか。「何をどう書いてもいい」小説というものに「失敗」とか「失敗作」とかいうものはないのだし、誰にその判断ができるというものでもない。仮にそう言われたとしても、皆が飽きあきしている作品よりはずっと魅力的である筈なのだから。

10

ローソン

「爆弾犬」

なんだ。ドタバタがひとつもなかったな。

そんなことをお思いの読者がおられるかもしれない。筒井康隆の短篇小説講義とあるからには、お前が書いているようなスラップスティックの書き方も講義しているのかと思って読んできたのだぞ。おれは何もご大層な新しい文学など書こうとしているのではない。お前の書いているようなドタバタを書いて小説雑誌の売れっ子になり、人気作家になれたらそれでいいんだ。ひとつスラップスティックの名作をとりあげて、講義してもらいたい。

なるほど。なるほど。そういう人がいても不思議ではない。おれの名前でスラップスティックを連想する人は多い筈だ。そういう人たちの期待にも応えなければならないだろうな。

ちょうどこの本の編集者からは、これだけでは新書版一冊の分量に不足という文句がきている。しかたがない。では何かそれらしい講義を、もう一章費やしてやっつけるとしようか。しかし、困ったことだな。この本でテキストとしてとりあげた短篇小説は、すべて岩波文庫の中から選んでいる。スラップスティックの名作短篇小説などというものが、岩波文庫の中に見つかるだろうか。

マーク・トウェインの「頭突き羊の物語」なんてものが、まあ、言語によるスラップスティックだ、と、言えば言える。しかし売れっ子作家を目指すような読者は満足しないだろうなあ。

実は、とっておきのものがあるのだ。ローソンという作家の「爆弾犬」という作品である。岩波文庫の『ローソン短篇集』所載のものだ。

ローソンという作家、知らないという人が多いと思うが、オーストラリアでは国民的作家なのだ。このヘンリー・ローソン、オーストラリアにおけるブッシュの生活を描いた、比較的地味な作風の作家だが、実はオーストラリアでは、芸術が花開いた一八九〇年代における「九〇年代の伝説」の主役だったくらいの人物である。

ブッシュ・ライフを描いた地味な作品ばかりのローソンだが、一作だけ、とんでもないドタバタを書いている。それが「爆弾犬」である。これとてブッシュ・ライフを描いた作品には違いないので、さっきから書いているその「ブッシュ・ライフ」というものがいったいどのようなものか、この作品からも少しはわかってもらえるだろう。

やはりこのようなきちんとした作家は、たまにドタバタを書いてもきちんとしている。きちんとしたドタバタとはどのようなものかとお思いだろうが、骨法を心得、ツボをはずさず、エンターテインメント作法に則り、スラップスティックの定石通りに話を運んでいるのだ。講義のテキストとしてこれ以上にふさわしいものはない。

最初はまず「設定」である。早く話に入りたいところだが、多少まどろっこしくっても最初の「設定」がきちんとできていないとドタバタが浮き上がってしまい、面白くなくなってしまう。

デーヴ・リーガン、ジム・ベントリそれにアンディ・ペイジの三人は、ストーニ川《クリーク》のほとりで立坑《シャフト》を掘って、その付近にあるはずだといわれている、豊富な、金を帯びた石英の鉱脈を探していた。この付近には、いつどこから見ても、豊富な鉱脈があることになっていた。

三人がいつも、爆薬や時限導火線を使って岩を爆破し、鉱脈を探っていることが語られる。次いで三人が、川にたくさんいる魚をとって食べるのが好きだということ、釣りが好きなのはアンディとデーヴだが、夢中になるのはアンディだということ、今は冬で、魚がさっぱり釣れないということ、そこで水を掻い出して魚をとるうち、デーヴが鯰に刺され、その痛みでふた晩眠れなかったことが語られ、そしてそのためにデーヴがある考えを思いつくに到るのである。

「爆薬筒で大きい水溜りの魚を吹っとばしたらどうかね？　おれ、試してみるよ」

デーヴが案を練りあげて、アンディがそれを実行に移した。アンディはデーヴの理論が実行可能だとなると、いつもそれを実際にやってみることにしている。実行可能でない場合は、できないことの責めを負い、仲間のひやかしをあまんじて受ける。

三人の風貌はまったく描かれなくとも、役割ははっきりする。つまりデーヴは空想し、アンディは技術にのめりこむのである。ただしデーヴの空想は次第にでかくなる傾向にあり、アンディは完璧主義だ。ふたりのすることを「くそばかったらしいこと」と思い、興味を持たないジムだけが無関係だが、のちにそのジムがいちばんひどい目にあうという皮肉があり、「無関係者またはいちばん罪なき者の巻きこまれ」というギャグになる。

デーヴの意見で、作られていく爆弾筒はどんどん強力になり、アンディは、念には念を入れる。ジムは「川の底を吹きとばせるくらいの大きさだ」という。爆弾は恐るべきものとなっていく。もちろん爆弾が凄いほど、読者の「事件への期待」は大きい。アンディはそれでもまだ納得しない。

アンディはもう一枚ズックの覆いを縫いつけ、溶かした獣脂に浸し、思い付きで柵用のワイヤーをぐるぐる巻きつけ、もう一度それを獣脂の中に漬けてから、気をつけてテントの杭に立てかけた。

そうしておいてからアンディはキャンプの炉のところへ料理に行く。デーヴとジムは鉱区で仕事をしている。

ここで騒ぎのもととなる犬が登場する。この犬の性格というか、馬鹿さ加減というものが説明される。詳しく二、三の例をあげて、構造主義のいわゆる「後説法」、つまり「そいつは以前どんな馬鹿なことをしたか」が説明されるほど、のちの笑いは大きいわけだし、この犬の習性を読むうち、次に何が起るかが読者にはわかり、すでに「前笑い」がはじまっているので、少しくらいくどく説明しても、それはロシア・フォルマリズムで言う「遅延」というテクニックにもなって、笑いは盛りあがる。

彼らは大きな黒の若い猟犬《レトリーヴァー》を飼っていた。それはむしろ育ちすぎた仔犬、図体の大きいうすのろの四つ足の相棒といったところで、いつも彼らのまわりを涎《よだれ》をたらしながらまわってあるき、重い尻尾を牧童用の鞭《むち》のようにぐるぐる回して彼らの足に打ちつけるのだった。犬は自分で自分の愚鈍さをよろこんでいるといった様子で、いつもおろかしそうに、赤い口を顔いっぱいに大きくあけ、涎だらけになってにたにた笑っていた。この犬は、生きることも、世の中も、二本足の相棒も、おのれ自身の本能も、みんなとてつもなく大きい冗談《ジョーク》と考えているみたいだった。彼はなんでも取り戻してくる。アンディが棄てたキャンプの屑ものは大部分運び戻した。飼っていた猫が暑いとき死んだので、アンディが遠く離れたやぶの中にそれを放りこんだ。すると、猫が死んで一週間ばかりしてから、ある朝早く犬はそれを見つけた。そして、それをキャンプにくわえ戻し、テントの垂れ幕のすぐ内側に置いた。そこは、相棒たちが起き出して、夏の日の出どきのすえた息のつまるような空気の中で、へんだなと鼻を鳴らして息を吸った場合、その在りかを判らせるのにもってこいのところだというわけである。

どのような騒ぎになり、どんなひどい臭いがしたかは、開高健やおれならねっとりと書くところだが、星新一やローソンは書かない。もちろん書かない方がギャグとしては上品である。運び戻すというこの犬の習性は、このように必ず前もって書いておかねばならない。何が起るかわかってしまうからといって書かないのはよくない。前にも書いたように、わかってもいいのである。

……

犬は三人が水泳ぎをはじめると、くわえ戻そうとする。三人のあとから飛びこみ、手を口にくわえて、そのまま泳いで水を出ようとし、まえ脚で裸のからだをひっかくのであった。三人はその気だてのよさとその愚鈍さの故に犬を愛した。しかし、水泳ぎを楽しみたいときは、犬をキャンプの中に結《ゆわ》えつけておかなければならなかった。

犬は午前中アンディが爆薬筒を作るのを大きな興味をもって見守り、手伝おうとして、かなりアンディの邪魔をした。だが、おひるごろ、ジムとデーヴの様子を見に鉱区のほうに行き、二人といっしょに昼食に帰ってきた。

料理当番のアンディは、まだ爆薬筒を強力にする方法を考えながら、マトン・チョップを入れたフライパンを火にかける。ジムとデーヴは火を背にして立っている。アンディは、糖蜜の空缶が最上等の爆薬筒になることを考えつく。

彼は振り返ってデーヴにそれを言おうとした。その刹那、デーヴはチョップはどんな具合なのかと、肩ごしにうしろに目をやった――そして飛び出した。後になってデーヴが話したところでは、フライパンがひどくジージーするような気がして、チョップが焦げているんじゃないかと振り向いたのである。ジム・ベントリもうしろを見て、デーヴのあとから飛び出した。アンディは棒立ちになって、二人のあとを見詰めていた。

「アンディ、逃げるんだ！　逃げるんだよ！」二人はアンディのほうに振り返って叫んだ。

「逃げろったら!!　うしろを見ろ、このばかやろう！」


「後になってデーヴが話した」うんぬんも効果的な「遅延」であり、「先説法」という手法である。

犬が火のついた爆薬筒をくわえていることはもう読者にはわかっているので、ここは、ひとりだけそれに気がつかないという、読者の気を揉ませる「はらはら」ギャグになる。こういう場合は通常「犬が火のついた爆薬筒をくわえているぞ」などといったまともなことばは出てこないで怒鳴るだけだから、リアルでもあり、それがまたギャグにもなる。だからといってここでアンディに、「どうしたんだい」などと間抜け声で問い返させたりするといささかしつこくなるから、ローソンはやらない。

アンディはゆっくり振り返って見た。と、そこに、すぐ彼のうしろに、犬が爆薬筒を口に――例のなんともいえぬほど不遠慮で愚かしそうなにたにた笑いをしている口にがぶりとくわえているではないか。そればかりではない。犬は火のまわりをまわってアンディのところへやってきたのだが、括りつけていない導火線の端が燃えているたきぎの上を這ってゆれているうちに火がついてしまっていた。アンディは導火線の端をよく切り開いて刻み目をつけておいた。それがいまシュッシュッと音をたてながら順調に火を噴《ふ》いているのだ。

燃えやすくしたことが裏目に出たという必然性が書かれているのは良心的で丁寧だが、本来はもっと前に書かれているべきだろう。

アンディはデーヴとジムのあとを追って逃げ、犬はアンディを追う。

危険物を身につけた馬鹿が、自分ではそれに気づかず、周囲に騒ぎを起したり、自分は恐れられていると誤解したりするギャグは喜劇映画でおなじみだろう。また、これとそっくりのギヤグも昔からしばしば見かける。たとえば「アラスカ珍道中」(一九四五年・パラマウント/監督ハル・ウォーカー/主演ビング・クロスビイ/ボブ・ホープ)では、ボブ・ホープが蠟燭と間違えてダイナマイトに火をつけてしまい、あわてて窓から投げ捨てると、飼っているセント・バーナード犬がくわえて戻ってくる。この場合も、少し前に犬に棒切れを拾ってこさせる伏線がちゃんと挿入されていた。しかし「爆弾犬」の方が五十年早く、今から見れば古いギャグかもしれないが、あらゆる同種ギャグの先達であろう。

デーヴとジムは短距離を走るのが速かった——ジムがいちばん速い短距離ランナーだった。アンディは足がおそくからだが重かったが、力が強く息が続いて長く走れた。犬はアンディのまわりをぴょんぴょん跳びまわった。犬は相棒たちがふざけているんだと思いこんで、そのよろこびようといったらなかった。デーヴとジムはうしろに向って叫び続けた。

「あとについてくるんじゃねえよ! おれたちのあとを追うんじゃねえったら! このうすのろめ!」

これは犬に言っているのではなく、アンディに言っているのだ。友情もへったくれもなく、お前ひとりで死ねと言っているわけで、自分の妻や子供を、拳銃その他敵の飛び道具の楯にするなどの、「本性暴露」ギャグのひとつである。一方アンディも、自分ひとりで死ぬのがいやさに、どこまでも仲間を追い続け、これも「死への道連れ」を求めようとする人間の本性暴露ギャグである。

三人は、犬同様、どうして互いに追いかけっこしているのか、さっぱりわけがわからなかったが、まさにそのとおり、デーヴはジムがどっちへ曲ってもそのあとをそのまま追い続け、アンディはデーヴのあとを追い、犬はアンディのまわりをまわっていた——火のついた導火線は四方八方に火花を噴きちらし、シュッシュッと音をたて、臭いを放っていた。

事件の原因となる危険物(水位・メーター・火勢など)が現在どのような状態にあるかを時おり挿入し、描写することは、読者の知りたいことでもあり、スリルを盛りあげる上に必要なことでもあり、定石なのだが、案外これに気のまわらない作者は多い。騒ぎの描写のみに気をとられるためだが、ローソンは丁寧にこのあともしばしば爆薬筒の様子を挿入している。

ジムはデーヴに、おれについてくるな、とどなり、デーヴはアンディに、べつなほうへいけ――分散するんだ、と叫び、アンディはアンディで犬に向って、うちにかえれ、とわめいていた。そのうちに、アンディの頭は、危機に刺戟されて、回転しはじめた。彼は助走をつけて犬をひと蹴りしようとしたが、犬は身をかわした。彼は棒切れや石ころをひっつかんで犬をめがけて投げつけてから、また走り続けた。

頭が回転してこの程度かと笑ってしまうのだが、つまりこれは文章でしか表現できないうろたえぶりということになる。

犬はアンディについて判断を誤ったと思ったのか、アンディから離れてデーヴのほうに跳んでいった。デーヴは、導火線が燃えつきるまでにまだ時間があると考えるだけの冷静さを持っていたので、犬に飛びかかってひっとらえようとした。そして、犬の尻尾をつか

まえ、犬がぐるっとからだをまわした瞬間、その口から爆薬筒をひったくって、できるだけ遠くへ放りなげた。犬はすぐさま跳んでいって取り戻した。デーヴは犬に向って怒鳴り、罵り声をあげた。

ここは、爆発すれば都合のいい時に限って爆発しない、「今なら事件が起ってもいいという時に起らない」というギャグである。挿入可能であれば一、二回挿入すべきギャグだろう。

犬は、デーヴが怒っているとみて、デーヴを離れ、かなり先へ行っているジムを追いかけた。ジムは木にとびついてコアラのようによじのぼった。それはほんの若木だったので、地面から十フィートか十二フィートまでしか安全にのぼれなかった。犬は爆薬筒をまるで小猫でもあるかのようにそうっと木の根元において、ジムの下でうれしそうに跳んだりはねたりほえたりした。この図体の大きな仔犬は、これでふざけっこらしくなった――もう大丈夫――ばか騒ぎをやりたがってるのはジムなんだな、と思ったようだ。導火線は、あたかも一分一マイルの速さで燃え走っているかのように、音をたてていた。ジムはもっと高くのぼろうとしたが、若木はしなってポッキリ折れた。ジムは足を下にして落ちて、すぐさま走った。犬は爆薬筒をひっくわえてジムのあとを追った。それはみなあっという間《ま》のことだった。ジムは、金鉱掘りの穴のところへ走ってその中に飛びこんだ。深さは十フィートほどあったが柔らかな土のうえに着地し、無事だった。犬は穴の端で、一瞬、ジムを見おろしてせせら笑うように歯をむき出した、まるでジムのうえに爆薬筒を落としたらおもしろいだろうと考えているかのように。

……………………………………………

馬鹿というものはなぜか、いちばん人がしてはならないと思っていることをするものであり、される方はたまったものではないが、馬鹿にしてみればそれがいちばん理にかなっているというところが第三者を笑わせる。

……

「あっちへ行けよ、トミー」と、ジムはかぼそい声で言った。「あっちへ行けよ」

ここではじめてトミーという犬の名前が出てくる。もちろん「トミー」よりは「犬」の方がおかしいから以後もだいたい犬は「犬」である。

犬は跳び出して行った、デーヴのあとを追って。いまや姿が見えるのは彼ひとりだけだ。アンディは一本の丸太の陰にとびこんでいたが、そこで地面にぴったりうつぶせになった。急に思い出したからだ。一団のトルコ兵が落下したばかりの砲弾のまわりで(まるで恥じ入っているかのように)うつぶせになっている、露土戦争の一枚の絵を。

こういう時、人間というのはさまざまな、とんでもない想像をするものである。アンディの想像は案外まともだが、おれならもっと突拍子もない想像をさせるところである。

鉱区からほど近い川沿いの街道すじに、小さいホテル、つまり、パブがあった。デーヴは死にものぐるいだ。時間が飛んで行く、彼のかきたてられた想像の中では実際よりずっと速く。それで彼はパブに向って突進した。パブのベランダやバーには数人のブッシュの男がのんびりしていた。

人が大勢いるところに駈けこむというのも人間の本性に根ざしている。多数の人の迷惑はまず、考えない。だからこそ話は面白くなるのである。

……………………………………

デーヴはバーの中に飛びこんで、うしろのドアをバタンと閉める。

「犬がよう！」とデーヴは、パブのおやじが驚いて目をまるくしているのに応えて、息を切らしながら言う。「犬んちきしょうがよう――くわえてるんだ、火のついてる爆薬筒を――」

……………………………………

「犬がよう！」というのが笑わせる。「逃げろ」でも「大変だ」でもないのである。こういう場合の「一時的言語障害」ギャグはいちばん笑いをとるところだが、ローソンはしつこくやったりしない。

……犬は、自分を入れないよう表のドアが閉められたのを知ると、跳んで行って裏口にまわって入りこみ、もうすでに、廊下から通じているバーの出入口につったってニタニタしていた。爆薬筒はその口にくわえられたままで、導火線はシュッシュッ音をたてている。みんなバーからわあっと飛び出した。トミーは、はじめ一人の男を、それからまた別の男を、と、ぴょんぴょん追いかけた。なにしろ、まだ幼い犬なので、誰とでも仲よしになろうとするのだ。

ブッシュの男たちはいくつもの角をまわって走り、なんにんかは馬小屋に閉じこもった。パブの裏庭に、下見板張《したみいた》り波型トタン屋根の新しい炊事場兼洗濯場が杭のうえに建っていて、中でなんにんかの女が洗濯をしていた。デーヴとパブのおやじはその中にころげこんで戸を閉めた――おやじはデーヴを罵り、大ばかやろう、いったいなんだってここへ来やがったんだ、とせかせかした口調で言った。

…………………………………………

こういう騒ぎにはぜひとも何人かの女を巻きこまねば面白くない。騒ぎはより大きく、派手になるし、反応が男とまったく異なるからである。

犬は炊事場の下の杭のあいだにもぐりこんだ。だが、中にいるものにとって幸いなことに、炊事場の下には、獰猛《どうもう》な雑種の牛追いの黄色い犬がいて、むっつりと悪意を心に秘めていた。それは、卑劣で、喧嘩好きで、どろぼう犬で、近所の連中がなん年も射殺するか毒殺するかしようとしていたやつだった。トミーは身の危険を感じた――この犬にはひどいめにあわされたことがあるのだ――それで、外へ出て裏庭を横切ろうとした、なおも爆薬筒をはなさずに。庭を半ば横切ったところでその黄色い犬が追いついてトミーを咬《か》んだ。

トミーは爆薬筒を落とし、キャーンとひと声悲鳴をあげ、ブッシュの中に逃げこんだ。黄色い犬は柵まで追いかけたが、それから、なにを落としたんだろうと、かけ戻った。

あちこちの曲り角をまわり、建物の下から出て、十四匹ばかりの犬が集ってきた――細長い、盗癖のある、残忍なカンガルー狩りの犬、雑種の牧羊犬や牧牛犬、狂暴な黒や黄色の犬ども――暗がりの中をあとをつけてきて踵《かかと》を咬み、なんの釈明もせずに消えうせる手合いだ――それに、やたらとほえたりわめいたりするジャリ犬ども。彼らはその獰猛な黄色い犬をかなりの距離をおいてとりまいた。というのも、その犬がうまそうなものをなにか見つけたとなると、近寄るのは危険だからである。その犬は二度爆薬筒の臭いをかいだ。

そして、用心深くもう一度臭いをかごうとしたその刹那——

それは、デーヴが最近シドニーから取りよせたばかりの新しいブランドの、非常によい火薬だった。しかも、爆薬筒は完璧に作られていた。アンディがなにからなにまでじつに辛抱強く、念には念を入れて作りあげたものである。彼は針と撚《よ》り糸とズックとロープを扱うことにかけては並みの船乗りに劣らぬほど器用だった。

いよいよ爆発が起る瞬間という時に、このようにもう一度爆弾の効果を確認するといった念押しは、ロシア・フォルマリズムで「妨害」と呼ばれている手法であり、結果を早く知りたい読者の妨害はするものの、その結果に対しての読者の満足度はより高いわけである。

ブッシュの男たちによると、炊事場は杭を離れてとびあがり、またその上にのっかったという。煙とほこりがはれると、獰猛な黄色い犬の残骸が裏庭の杭の柵にぐんなりと寄りかかっていた。まるで、馬に火の中へ蹴りこまれ、それから、手押し車に轢《ひ》かれて土埃《つちぼこり》の中をごろごろ転がされ、最後に、遠くから柵に投げつけられたみたいだった。ベランダのまわりに繋《つな》がれていた数頭の乗用馬は、ちぎれた手綱をひらめかしながら、もうもうたる砂塵をあげて、めちゃくちゃに道路を駆けて行った。それから、その近辺一帯から、林の中のあらゆる方角から、犬の喚《わめ》き声《ごえ》が聞えてきた。

ここからはしばらく「その事件が起った時誰が何をしたか」及び「その人物のその事件による後遺症」というギャグになる。このふたつはその人物ごとに混淆して書かれるのが普通だが、別別にたっぷりとやってもよい。おれも近作「文学部唯野教授」の中でやっている。作者にとってても読者にとってもいちばん楽しめる部分ではあるが、作者の力量が最もよくわかる部分でもある。ローソンのお手並を拝見しよう。彼は混淆型だが、犬から人間に及び、たっぷりとやっている。

犬どものうち二匹は、三十マイルも離れた生まれ故郷に帰り、その夜のうちに着いてそのまま二度と戻らなかった。そのほかの犬どもがどうなっているのかとこわごわと戻ってきたのは日暮れごろだった。一匹は二本足で歩こうとしていた。大方は多少なりともからだを焦《こが》されているようだった。一匹の小さな、尻尾の短い焦《こ》げ犬は、あと足一本でからだのうしろ半分をぴょんぴょんさせる癖があったが、これまで長年のあいだ別のあと足一本をあまり使わずに大事にしてきたことをよろこぶのももっともである。その足がいまや必要になったからである。その後長年にわたり、そのパブのまわりを、片目の老いぼれ牧牛犬がうろついていたが、この犬は銃を掃除するときの臭いを我慢することができなかった。こいつこそ、あの黄色い犬について、爆薬筒に興味を持った犬だったのである。ブッシュの男たちの話では、この犬の見えないほうの目の側にそっと近寄って、汚れた架杖《さくじょう》を鼻の下につきつけるとおもしろい、見えるほうの目をそれに向けるだけの我慢もできず——ブッシュに逃げこんでひと晩じゅう戻らないということだ。

爆発が起ってから三十分ぐらいは、馬小屋の中で数人のブッシュの男が壁によりそって、からだを二つに折り曲げてうずくまったり、地面をそろそろ転がったりして、かん高い声を出さずに笑おうと努めていた。洗濯場の中にいた二人の白人女はヒステリーの発作を起こし、原住民との混血女は水をくんだ柄杓《ひしゃく》を手にして当てもなくかけまわっていた。パブのおやじは妻君をしっかり押えつけて、彼女の喚き声のあいまあいまに、「後生だから、……メアリ、声を出すなよ、さもねえとぶっ殺すぞ」とおどしたりすかしたりしていた。

おれの読者なんかには少しもの足りないかもしれないが、いずれも非常にリアリティのあるギャグばかりであり、こういう笑いも理解できなければいけない。男たちが静かに笑おうと努めているのは、命拾いをした喜びとヒステリーの混った笑いだからで、いずれもブッシュの男にはふさわしくない笑いだからである。

さて、主役たちはどうしたか。

…………………………………………………

デーヴはあとになって「騒ぎがすこし鎮まってから」謝《あやま》りに行くことにして、キャンプに帰って行った。すると、騒ぎを起こした張本《ちょうほん》の犬のトミー、からだの大きい、うすのろの雑種の猟犬は、涎をたらしながらやってきてデーヴのまわりをまわり、尻尾で彼の足を叩き、あとについて小走りで帰って行った、これまでにないほどあけっぴろげな、赤い舌を長くたらして愛想のよい笑い顔をし、バカ騒ぎをしてきょうの昼すぎはおもしろかったなと、いかにも満足している様子を見せながら。

騒ぎの張本人だけ、騒ぎのもとが自分であることを知らないというギャグだが、この犬がぶん殴られないのは周囲の人間がブッシュの男たちだからであり、日本人だとこんなに度量が広くはない。

アンディは犬をしっかりと鎖に結えつけ、マトン・チョップを少し追加して料理し、そのあいだに、デーヴはジムが穴から出るのを助けに行った。

最後のギャグは大切である。こののんびりしたドタバタにふさわしいギャグでなければならない。ローソンはこう締めくくる。

それで、大方これがもとになって、その後長年のあいだ、ごついからだつきの、のんきなブッシュの男たちは、デーヴのキャンプのそばをのんびりと馬に乗って行きながら、ゆっくりと長くひっぱる、少し鼻にかかった声で叫ぶのである。

……「エーロー、ダーアヴ！　魚の捕れ具合はどうだねえ、ダーアヴ？」

ここは「爆弾犬はどうしてるね」では直接的過ぎて笑えないのであり、やはりひとひねりし、のんびりとした方言による「魚の捕れ具合」でなければならないのだ。

さて、読者諸氏はもうお気づきだろうが、話のところどころで解説してきた技法、手法は、ひとりスラップスティックのみにあてはまるテクニックではなく、冒険小説にも、パニック小説にも、また時にはオカルト物などにも必要な技法、手法である。さらにはエンターテインメントを書こうとする者すべてが知っていて然るべきテクニックでもある。こうしたさまざまなテクニックは一九〇〇年代に入ってから急速に練りあげられ、一時はアメリカなどで爛熟の域に達したのだが、今は逆に忘れられつつある。新しいエンターテインメントを書こうというくらいの人なら、一九三〇年代あたりの質のいいエンターテインメントをいやというほど読むことがいちばんいい勉強になるのではないだろうか。

（『ローソン短篇集』伊澤龍雄編訳）

11

筒井康隆

「繁栄の昭和」

唯一、岩波文庫から出ていないわが短篇をここで論じる経緯については、巻末の「増補版あとがき」をご覧いただくこととして、早速二〇一一年に書き二〇一四年に短篇集「繁栄の昭和」(文藝春秋・刊)にタイトル・ストーリイとして収録されたこの「繁栄の昭和」を最初から読んでいこう。

短篇「繁栄の昭和」はこのように始まる。

> 岸本法律事務所は大正モダニズムの影響を受けて建てられた戦争前からある二階建てビルの一階にあり、明治通りに面している。一階が岸本法律事務所で、二階には室川探偵社と青木芸能事務所がある。
>
> 私は岸本法律事務所で経理を担当しているが、昔から探偵小説が好きだったのでなんと

なくこの事務所の所員になった。しかし大学は商学部を出ていて法律に関してはまったくの素人であり、そっちの方面の才能はないから、調査もやらせてもらえない。調査員は所内に三人ほどいるが、たいていは外出していて、せいぜい資料調べで一人が残っているという程度である。

語り手による場所と自身の紹介である。ここでは時代を曖昧にしているが、その意味もやがて意外性として明らかになる。戦前に建てられた大正モダニズムのビルなど、今はもう明治通りにはないし「推理小説」でも「ミステリー」でもなくて「探偵小説」などと言っているから、恐らくは戦後すぐの時期であろうという読者の想像は、何やらノスタルジックな物語なのであろうという予測にもつながってくる。

所長の岸本氏は弁護士で、立派な体格をした、やや鷲鼻の初老の紳士だ。このビルの持ち主でもあるこの岸本氏を、所員は先生と呼んでいる。若い頃は舌端火を吐くみごとな弁護ぶりであったと言うが、今は伝説的な噂となった。私にはなんとなく、昔から温厚な初老の紳士であり続けてきた人物のように思えてならない。

弁護士は先生を含めて三人いるが、あとの二人は何何先生と苗字を冠されて呼ばれている。もう一人、若い見習い弁護士がいて、他には女事務員が三人いるだけだ。弁護士の先生方三人は西側一面の書棚を背にして並んでいる。書棚には資料も並んでいて、私は経理のかたわら資料の整理もまかされているので先生方と並んでいちばん南の端に、書棚を背にして机に向かっている。

この机の前に座っていると、南側で明治通りに接しているビルの入口から入ってきた人たちが、廊下を奥の階段に向かう姿がよく見える。事務所と廊下の間はガラス窓で仕切られているからだ。ここを通る人たちは探偵の室川氏、芸能事務所の所長である青木氏の秘書である美しい西尾さん、その他である。わが法律事務所への来客も多いが、二階のふたつの事務所への来客もずいぶんと多い。特に芸能事務所を訪れる人たちは多彩極まりない。一度は女事務員の誰かが大声を出したので廊下を見ると、舞台女優の三笠信子だった。

法律事務所の南側は通りに面した一面のガラス窓で、その窓の手前には応接セットがある。ビルの入口は磨りガラスの入った両開きのドアで、法律事務所への来客は入口から入ってすぐ左側のガラス戸を開け、右手の受付の女事務員に来意を告げてからこの応接セットで、応接セットに先客がある場合は廊下に並んでいるソファで待つ。三人の弁護士の誰かが、また来客によっては私が応対する。

………………………………………………

登場人物とビル内の各事務所の配置が描写されてすぐ、さっそく事件が起る。冬のある日、銃声がし、通りに面した戸を開けて入って来た男性が、ゆっくりと玄関の郵便受の前の床に倒れたのである。受付の女事務員が悲鳴をあげ、私が近寄ると俯せに倒れた男の背中から血が出ている。何しろ法律事務所だから弁護士の先生たちも三人いて、銃で撃たれたに違いないと言い、私に警察へ電話するよう命じる。ここから探偵小説的要素が濃厚になってくる。ただしここで疑問が湧く。岸本所長にしろ二人の弁護士にしろ、裁判というものがある筈なのに、いつも事務所にいて、法廷に出かける時がないように、つまりまるで不在の時がないように書かれているのは何故なのか、という疑問である。この疑問はそのままにして、さらに読んでいく。

警察はすぐにやってきた。男はすでに死んでいた。上等の服を着た中年の男で、背広の内ポケットの財布からは、東亜興業取締役社長という肩書きの名刺が五、六枚出てきた。名前は檜垣六太郎と言うのだが、法律事務所の誰もその男を知らなかった。騒ぎを聞いて二階から室川氏と西尾さんが降りてきたが、二人とも男を知らなかった。結局檜垣というその男が、法律事務所、探偵社、芸能事務所のいずれを訪れるつもりだったのかは判明せず、東亜興業から駆けつけてきた社員も、社長が何のつもりでこのビルを訪れたのか知らなかった。

警察の調査によれば通行人の主婦は檜垣氏がビルに入ろうとしているところを目撃、その直後に銃声がしたと言う。檜垣氏がこのビルのいずれかの事務所を訪ねてきたことは確かだが、銃がどこから発射されたのかもわからないのだ。かくて事件は迷宮入りとなってしまうのだが、迷宮入りと書かれている以上はこの事件の捜査が相当の長期にわたって行われていたことを暗示している。とすれば、この小説の時代背景は必ずしも敗戦直後ではないことになるが、そのあたりは実に曖昧模糊としている。しかしそれがこの作品のテーマにもかかわってくる重大さを秘めていることは読者にはまだよくわからない筈だ。

探偵小説好きの私がこの事件についていろいろ考えたことは無論である。だが私の趣味は探偵そのものではなく、あくまで探偵小説を読むことなのだ。私が愛する探偵小説の作家は、一世を風靡したかの巨匠、緑川英龍である。だがこの作家が多くの傑作を書いたのは戦前であり、戦中は軍部から睨まれて著書は何冊か発禁になり、戦後も人気はあったもののの執筆から遠ざかっていた。だが最近、探偵雑誌のゴシップ欄で、この緑川英龍が新たな作品の構想を得たことが報じられていて、私は胸躍らせた。彼が長篇を書いたとすれば十数年ぶりということになる。彼の昔の作品を読み返すばかりだった私には新たな期待の対象ができたのだった。

緑川英龍という大時代な作家名と、その人気があった時代、作品が発禁になり戦後は沈黙していることなどから、この作家のモデルとして誰でも知っているある実在した作家の名前が思い浮かぶ筈だ。言うまでもなく江戸川乱歩である。その作風が怪奇幻想、猟奇耽美であると書

かれているところからも読者の連想の正しさが証明されよう。
語り手の私は月初めに二階のふたつの事務所へ家賃を受けとりに行く役を仰せつかっていて、だから探偵社の人たちとも、芸能事務所の人たちとも顔見知りである。

探偵の室川氏は室川襄と言い、まだ三十代の陽気な人物である。髪は天然の巻毛だが、いつもいい背広を着こなしていて、瀟洒な青年紳士と言っていいだろう。私が自分の机から顔をあげた時にたまたま廊下を行く室川氏と目が合ったりすると、彼はにこやかに手を振ってくれるのである。

そのように、私が自分の机に座っていると入口から入ってきた人たちの、廊下を奥の階段に向かう姿がよく見えるのだが、ただひとりだけ、まったく眼に入らない人物がいる。室川氏の助手を務めている黒崎清一という人物で、この人は侏儒であり、背丈が三尺三寸しかない。廊下との間のガラス窓は下部が羽目板になっていて、その高さがちょうど三尺三寸なのだ。廊下の突き当たり、給湯室の手前を百八十度右に折れ曲ると階段なので、その時なら彼の姿をわずかに見られるかもしれないが、私の席からは遠いため、まだ見たこ……とはない。

ここでこのビルの一階と二階の平面図が挿入される。その次の段落における説明の丁寧さによって、読者はますますこの短篇が本格的な探偵小説に違いないという思いを新たにする筈である。

……………………………………………………

階段をあがると正面が室川探偵社のドアである。探偵事務所からは明治通りが見おろせて、その南側全体がガラス窓になっているから室内は明るい。西側の奥に室川氏の大きな机がある。手前には応接セットがあり、室川氏が不在の折には黒崎氏が私の話し相手をしてくれる。と言っても特に話があるわけではない。単なる世間話なのだが、黒崎氏は矮小な体軀でちょこまかと茶を淹れてくれたりもするから、きっと世間話が好きなのであろう。彼によると室川氏は腕利きの探偵であり、戦争中は陸軍中尉だったそうだ。その陸軍で何やら不可解な事件があり、調査を命じられた室川氏はみごとにそれを解決してしまった。しかしそれは軍の中枢部の醜聞《スキャンダル》となり兼ねない事件だったのだ。だから軍部は室川氏に……他へ漏らさぬことを約束させ、軍役を退かせたのだと言う。

これは後に出てくる、警察関係者や憲兵がしばしば探偵事務所を訪れていた理由のひとつとも受け取れる記述だ。軍からも警察からも、室川氏が戦争中からマークされていたことを、よくも悪くも示すものであろう。

……………………………………………

またここへはしばしば、室川氏の奥さんの玉江さんという美しい清楚な女性もあらわれる。たいていは夕刻にやってきて、室川氏とどこかへ出かけるのだが、きっと夜のお遊びであろうと黒崎清一氏は言っている。彼は玉江さんがまだ室川氏の助手だった時代を知っていた。そう言えば玉江さんが以前くすくす笑いながら、わたしって尾行の名人だったんですのよと私に言ったことがある。

探偵の室川襄氏が天然の巻毛髪であり、助手の男が侏儒であり、以前は室川氏の助手であった奥さんが玉江さんとくれば、これはもう乱歩つながりで一寸法師、玉代さんときてこの探偵のモデルが名探偵明智小五郎であることは容易に想像できよう。そしてこの岸本ビルのオーナーでもある岸本法律事務所の所長と室川探偵の親しい関係に触れたあと、ビル入口周辺の説明と事件当日のことが繰り返され、さらに入口を入ってすぐの壁にある郵便受の、それぞれの事務所宛の郵便物が投函される三つの函があることの説明があり、次いで語り手である私の日常の描写がある。

……………………………………

岸本ビルから一ブロック離れた場所には洋食店があり、私は昼食時、いつもここへ来てランチ定食を食べる。食べたあとは探偵雑誌を読みながら珈琲を飲む。店内には、「黒いパイプ」というタンゴの曲が流れている。「君にもらったこのパイプ」というこの軽快な曲のおかげで、私はパイプ煙草を嗜むようになった。

「黒いパイプ」は昭和二十一年、最初はラジオ歌謡として、のちに二葉あき子、近江俊郎がレコードに吹き込んでいる。だがこの曲はずいぶん長い間流行していたから、必ずしも敗戦直後のことではないのかもしれない。

昼食後、事務所に帰るとたいてい客が来ている。応接セットにふた組の客が来ていて廊下のソファにも四、五人ということが珍しくない。公判中の事件について新聞記者が取材に来ていたりもする。女事務員たちは忙しそうに立ち働いている。先生がたもみな慌ただしげだ。わが法律事務所は繁栄しているのである。そして二階の事務所ふたつもまた繁栄しているようだ。さまざまな人の、事務所との間がガラス窓で仕切られている廊下を奥の階段に向かう姿、階段からおりてきて入口に向かう姿がひっきりなしだからである。

特に芸能事務所を訪れる人たちは多彩極まりない。青木芸能事務所の青木星園氏は魔術師であり、大掛かりな魔術なのでスタッフや共演者が何人も必要だ。助手志願の娘、道化志願の若者などがひっきりなしにやってくるし、一緒の舞台に立つプロの俳優や歌手なども打合せにやってくる。劇場主、演出家、舞台美術家、音響や照明の担当者も来る。三十代後半と思える星園氏は室川氏と対照的にいつも沈み込んだ様子でやってきて、ガラス窓の向こうの廊下を靴音すら立てず、ひっそりと通り過ぎる。黒っぽい三つ揃いの背広をきちんと着こなしていて、冬は黒いマントを羽織っている。いかにも天才魔術師といった風……貌だが、背格好はどことなく室川氏に似ている。

この青木星園氏が魔術団を率いる魔術師であることや、映画での当り役が蝙蝠男であることなどから、この人物がどうやら明智小五郎の永遠の敵役である怪人二十面相をモデルにしているらしいことも想像がつくものの、ここでは青木氏がどことなく室川氏に似ているといった記述もあるのだ。ここに二度出てくる「繁栄」という言葉にも注意しておいていただきたい。何しろタイトルにもなっている言葉なのだから。また「冬のある日」に始まる殺人事件のことは何度か繰り返されて、そのたびに各事務所の人物や来客などの描写があり、私による事件についての思いが語られる。何ゆえの何度にもわたるこの反復か、という技法の説明をするが、実はその説明をすることこそがこの作品を選んだ理由のひとつなのである。

この短篇を書く少し以前のことだが、小生は「ダンシング・ヴァニティ」という長篇を書いた。これは反復小説とでも言える作品であり、物語が少し進行するごとに同じ文章が繰り返され、その文章は繰り返されるごとに少しずつ変って行く。こうした反復の意味や文学的価値についてて書いた考察は拙著『創作の極意と掟』で詳細に論じていて、勝手ながら現代的な意義ある技法と決めてかかってここでも一部、効果的と思える部分で使っているのだ。つまりこの短篇の場合は主人公が事件当日のことを何度も反復して考えて、その都度考えた内容が変化し進歩していることを示すと同時に、なぜか事件そのものが進展せず解決への道が停滞していることも示していて、それと同時に、この物語の出発点はあくまで殺人事件にあるのだということを強調してもいるわけである。

……………………………………

その事件の時に限らず、二階のふたつの事務所にはしばしば警察関係者と思われる人たちが訪れる。どちらの事務所を訪問しているのかはわからないが、おそらく室川探偵社なのであろう。警察が調べている事件が室川氏の調査している件にかかわっていた場合などが想像されるのだが、だからといって彼らが青木星園氏を訪れていないと断定することはできないのだ。まさか怪盗蝙蝠男と思われているわけではないだろうが、そもそも戦争中ふたりの事務所へしばしば憲兵がやってきたという事実があることでもわかるように、二階の事務所の二人はその筋からどうにも胡散臭いやつと見られている傾向がある。

話はまた入口近くの郵便受に移る。殺人事件が起った日、ランチ定食を食べ終えてビルに戻り、ここに投函されていた郵便物を取り出す役だった私がふと他の二社の函をガラス戸越しに見ると、法律事務所に来たのと同じ封書と同じ書体で宛名を書かれた郵便物がそれぞれの函に入っていたのである。三通とも各社の長の名前が書かれていて差出人の名は書かれていなかったので、誰が三人に、同時に手紙を出したのかという疑問を持った私には、三人は親子兄弟ではないのかという疑いが芽生える。殺人事件が起ったのはその直後だった。

三人が親族ではないかと疑っていろいろ想像をめぐらせているうち、もし緑川英龍だったら、その疑問をどんな真相に導くだろうかと私は考えた。そこに何らかの物語があるとすれば、それはどのような結末に落ちつくのだろうか。少なくとも二階のふたり、名探偵・室川裏と魔術師・青木星園は必ずや兄弟、それも双子の兄弟として描く筈である。二人は物語の中でどのような役を演じ、何をするのか。室川裏はもちろん探偵役であろう。では青木星園は、犯人役なのであろうか。それとも探偵の協力者なのであろうか。そうだ。いちばん理想的な配役は、どちらにせよふたりが一人二役をつとめているという筋書きで

はあるまいか。善悪二面性を持つ人物にしてもいいだろう。いやいやそれよりは、室川襄と青木星園が協力して真犯人を追いつめるという筋立ての方が理想的だ。それならば魔術師・青木星園が警察から犯人として疑われるという展開や、それを室川襄がくつがえして一人二役のトリックを明かすという意外な結末も用意できるではないか。

ここは語り手の私が作者になりかわってストーリイを作って見せるという、いわばメタフィクション、つまり虚構によって虚構を論じるという文学的な技法の展開である。緑川英龍に入れあげている私は、この事件やそれを取り巻く人物配置や環境を緑川英龍の作品世界の雰囲気に当て嵌め、それがあまりにも似通っていることに感激し、端役ではあろうが自分もその登場人物なのかもしれないと想像して涙ぐみさえするのである。そうした考えの果てに、もしかしてこの事件は緑川英龍が現在書いていると伝えられている作品そのものなのではないかとも想像するのだ。しかしそのことが探偵雑誌で報じられたのはもうだいぶ以前であり、それから長い年月が経過しているのだから、もしかして老齢だった彼がすでに死んでいるのだとしたら、この事件の停滞はまさに彼が執筆の途中で死んだからだという解釈も成り立つのだ。と、言ったような考察は、語り手による物語への介入という形でのメタ・フィクションであると言えるだろう。

そこに考え及んで、私はあっと叫んだ。だとすれば彼の死などが報道されるわけがない。われわれ彼の小説中の登場人物たちが、彼の死によって消滅してしまわないのは、執筆の中断によって未来を断ち切られたまま、停滞しているからだ。ここでは、この世界ではまだ、緑川英龍は死んでいないのである。

ここで現実が停滞しているという証拠の提示がある。私の記憶や経験からは戦後二十年以上になる筈なのに、私はまだ三十歳代の半ばである。なのに戦後の歴史どころか戦中のことまで記憶しているのはなぜか、名探偵・室川襄と魔術師・青木星園が、そして玉江さんや西尾しずかさんがいつまでも若わかしいのはなぜか、停滞しているのは事件や登場人物の年齢だけではなく、岸本ビルも大正モダニズムの名残りをとどめたまま老朽化もせず明治通りに建ち続けているのはなぜか。

この街並みのすべてが、あの洋食店も含めていつまでもそのままだ。何十年も経つ街のすべての建物が同じたたずまいで建ち続けているということは、戦後のめざましい復興を志していた筈の日本社会にとってあり得ないことではないか。本来ならば古くなったビルのほとんどが建て替えられて高層ビルとなり、よりモダンな建築となって街全体が近代化されている筈ではないか。はっきり言ってこれはただならぬ異変である。もしやこれは繁栄していた昭和の一時期をいつまでも保ち続けようとする、何らかの意志のしわざではないだろうか。あるいはこの街並み、人間も含めたこの街並みが緑川英龍の死にもかかわらずまだ存続し続けているのは、戦争中の大空襲とか、大震災であるとか、その他の何らかの災害によってすべてが崩壊したことを示そうとする幽霊のようなものなのかもしれない。この街並みだけではなく、日本全体が、もしかして世界全体が、通常の発展を遂げたであろう真の現実とは別の、もうひとつの現実として幽霊のように存在しているのか。ああ。今やはっきりとしたぞ。もう二度と取り返すことのできない昭和の繁栄、われわれもそれによって恩恵を受け、楽しく過すことのできた繁栄をいつまでもとどめておこうとする意図が、この現実、虚構の中の現実であれ幽霊のような現実であれ、そんな意図が、私が現在存在しているこの現実の中には働いているのだ。

戦争さえなければよかったのにという感慨は、あの大災害さえなかったらよかったのにと思う気持ちに相似である。歴史にIFはないというが、生憎歴史SFの多くはIFによって成立している。しかし日本人の多くが大きな災害に遭った第二次世界大戦のさなか、まだSFというジャンルは日本に浸透していなかった。だが今や立て続けの大災害が日本に襲いかかっていて、あの災害さえなかったらという多くの日本人の幻想が現代作家たちのSF的思考を刺激し続け、いくつかの長篇や短篇が書かれている。ここではそうした災害という事実をすぐ小説にしてしまう安易さを批判的に遠ざけ、「戦争中の大空襲」と並べて「大震災」と書き、一瞬「関東大震災」を読者に連想させることによって、現在もそのまっただ中にあると言える最近起ったあの大災害、被災した各地によって所謂「あの大災害」は異なるであろう筈のあの大災害を暗示しているのだ。

繁栄していた昭和の一時期のアナロジイとして災害前のよき時代、そして災害さえなければ続いていたかもしれないよき時代を顧みる空虚さを文学的モチーフにしたこの短篇は成功だったのか失敗だったのか、その疑問は今でも作者の胸にとどまり続けている。そうこうするうちにも小説はいよいよ終りに近づき、今までに出てきた文章が集約され纏まる形でまた反復される。

そのようなことを思いながらも、冬のある日、私はまた昼休みの時間、近くの洋食店に来ている。ランチ定食を食べたあと、珈琲を飲み、タンゴ「黒いパイプ」を聴きながらパイプ煙草をくゆらせる。そして昼休みを終えて、岸本ビルに戻ってくると、入口ドアを入ってすぐ東側の壁に設置されている三つの函が並んだ郵便受を覗く。その函にはそれぞれガラスの戸がついていて、郵便物が投函されているかどうかを外から見ることができるのだ。三つの函とは郵便物を法律事務所と、探偵社と、芸能事務所の三つの宛先に区分けして投函するための函であり、私は法律事務所に来た郵便物を取り出す。他の二社の函を見て、わが社に来たのと同じ封書、同じ書体で宛名を書かれた郵便物が入っていることに気がつき、三通とも宛名はすべて各社の長の名前がフルネームで書かれ、差出人の名がないことを確認して怪訝に思いながらも、十何通かの手紙を自分の机に持ち帰り、区分けをする。手紙の中でも特に重要と思えるものは記帳する。私が昼休みから戻った時はいつもそうなのだが、多くの客が来ている。応接セットにはふた組の客が来ていて、廊下のソファにも四、五人がすわっている。女事務員たちは忙しそうに立ち働いている。先生がたもみな慌ただしげだ。わが事務所は繁栄しているのである。

その時、表の通りでかすかに銃声のような乾いた音がしたから、帳簿に落していた視線をあげて入口を見ると、ガラス戸の彼方に、今ドアを開けて入ってきたばかりと思える、紺色の外套を着た男性がその肥満した体軀をゆっくりと東側の壁に設置された郵便受に倒し、そのまま床へ頽れていくのが見える。受付の女事務員が悲鳴をあげる。私はすぐガラス戸に寄り、戸を開ける。男は俯せに倒れている。背中からわずかに血が出ている。弁護士の先生たちもやってきて、銃で撃たれたに違いないと言い、警察に電話するよう私に命じる。

警察がすぐにやってくる。男はすでに死んでいる。上等の服を着た中年の男で、背広の内ポケットの財布からは、東亜興業取締役社長という肩書きの名刺が五、六枚出てくる。

名前は檜垣六太郎と言うのだが、法律事務所の誰もその男を知らない。そして二階からは騒ぎを聞きつけた室川氏と西尾さんが降りてくる。

小説はここで終りである。殺人事件の解決はないままだ。つまりこの短篇のモチーフは殺人事件、あるいは探偵小説、あるいはミステリーといったものではないことになる。ここで読者はそれぞれの判断でこの作品のテーマを見つけ出さなければならない。ご存知であろうが、現代小説においてその作品のテーマというのは、必ずしも作者が提示するものではなく、個個の読者が見出さなければならないものなのだ。

この項を終えるに当って言っておきたいことは、短篇小説は今や古典的な短篇小説作法に則った考え方では捉えることができないということである。さまざまな実験的な試みがなされ、SF的発想を手中にした小説家たちがさらに新しい技法で現代を捉えている。そうした時、この『短篇小説講義』が増補版として世に出ることは、新たな読者に向けた新たな講義の場として筆者にとっては実に有難いことだと感謝している。

柄にもなく他人様に講義するこんな本を書いてしまったが、本当は自分に対して講義するといった気持で書き進めてきたのだ。

この本の第一章は、以前『文學界』のアンケートに応えた十枚くらいの短文が基礎になっている。「短篇小説をどう思うか」といったような質問で、それへのわが回答が新聞の文芸時評で注目すべきものとしてとりあげられ、意を強くし、片一方ではそれによって逆に自分の不徹底に気づき、いささか昔の作家の短篇小説を勉強し、勉強するたびにそれをテーマに加えて講演をし、自分に徹底させ、反応を確かめ、内容を膨らませ、論じる作家の数を増やしていき、それがこの本の執筆につながったのだった。

「短篇小説について」という演題で講演したことはこの三年間で前後十回に及んだが、この本が出た以上、以後このテーマの講演はできないことになった。並行して論じていたもうひとつのテーマはカセット・ブックになってしまい、ほかのテーマの用意もなく、またしても当分は講演おことわりということになる。どうでもいいことをだらだらと喋る講演は嫌いなのだ。

付録的な第十章は、エンターテインメントの技法としてもっと書けそうな気はするが、書いてもしかたがないことなのかもしれず、案外この一章だけですべてを言い尽くしてしまっているのかもしれない。

「小説は何をどう書いてもいいのだ」という最初の大上段からは、テーマ(何を)よりもいささか技法(どう書くか)に傾いて論じたが、これは当然のことかもしれない。現代にどんなテーマを見出すかなど、書く人が見つけることであり、見つけているからこそ書こうという気になるのであり、論じる人は書く人の数だけいる筈だ。筆者の任ではない。

二年間おつきあいいただいた岩波新書編集部の川上隆志氏をここにフィーチュアし、その労を犒います。

一九九〇年春・神戸

筒井康隆

増補版あとがき

岩波新書のためにこの『短篇小説講義』を書いてからもう三十年にもなる。しばらく品切れだったようだが、今回重版するに際してもう一章新たに書き足し、増補版にしてもらえないかという依頼が岩波書店編集部からあった。既刊の本書は、やはり当時の担当編集者が、一冊にするには頁数が少ないのでもう一章書き足してほしいと頼んできたので最終章としてローソンの「爆弾犬」を論じたのだったが、「爆弾犬」は謂わばドタバタであり、今回さらに一章を加えるとなると、読者の時代感覚を考慮して、より現代的な作品でなければならない。既刊の『〜講義』は岩波文庫で入手可能な短篇集から選んだ作品ばかりだったが、その後に書かれた短篇も含め論じるべきものは論じ尽していて、だいぶ以前から賞の選考や推薦文執筆の関係から主に新しい長篇ばかりを読んできているため、ここで論じるに適した目新しい技法による短篇が見当たらないのである。そこで、いささかなりとも新しい技法で書いているわが短篇「繁栄の昭和」を取りあげることにした。

既刊の『〜講義』にはいささか時代遅れの記述も見られるが、講義対象の短篇と連動してもいるので、敢えてそのままにした。この『〜講義』、今でも短篇を学ぼうとする人の指針には充分なり得ていると自負してもいるのだ。

筒井康隆

筒井康隆

1934年大阪に生まれる．同志社大学文学部卒業
作家
著書—『時をかける少女』角川文庫
『大いなる助走』文春文庫
『虚人たち』中公文庫
『文学部唯野教授』岩波現代文庫
『虚航船団』新潮文庫
『旅のラゴス』新潮文庫
『不良老人の文学論』新潮社
『創作の極意と掟』講談社文庫
ほか多数

短篇小説講義 増補版　　岩波新書(新赤版)1792

1990年6月20日　第1刷発行
2016年3月18日　第12刷発行
2019年8月22日　増補版第1刷発行

著　者　筒井康隆《つついやすたか》

発行者　岡本　厚

発行所　株式会社 岩波書店
〒101-8002 東京都千代田区一ツ橋2-5-5
案内 03-5210-4000　営業部 03-5210-4111
https://www.iwanami.co.jp/

新書編集部 03-5210-4054
http://www.iwanamishinsho.com/

印刷・精興社　カバー・半七印刷　製本・中永製本

ISBN 978-4-00-431792-0　　Printed in Japan

岩波新書新赤版一〇〇〇点に際して

ひとつの時代が終わったと言われて久しい。だが、その先にいかなる時代を展望するのか、私たちはその輪郭すら描きえていない。二〇世紀から持ち越した課題の多くは、未だ解決の緒を見つけることのできないままであり、二一世紀が新たに招きよせた問題も少なくない。グローバル資本主義の浸透、憎悪の連鎖、暴力の応酬――世界は混沌として深い不安の只中にある。

現代社会においては変化が常態となり、速さと新しさに絶対的な価値が与えられた。消費社会の深化と情報技術の革命は、種々の境界を無くし、人々の生活やコミュニケーションの様式を根底から変容させてきた。ライフスタイルは多様化し、一面では個人の生き方をそれぞれが選びとる時代が始まっている。同時に、新たな格差が生まれ、様々な次元での亀裂や分断が深まっている。社会や歴史に対する意識が揺らぎ、普遍的な理念に対する根本的な懐疑や、現実を変えることへの無力感がひそかに根を張りつつある。そして生きることに誰もが困難を覚える時代が到来している。

しかし、日常生活のそれぞれの場で、自由と民主主義を獲得し実践することを通じて、私たち自身がそうした閉塞を乗り超え、希望の時代の幕開けを告げてゆくことは不可能ではあるまい。そのために、いま求められていること――それは、個と個の間で開かれた対話を積み重ねながら、人間らしく生きることの条件について一人ひとりが粘り強く思考することではないか。その営みの糧となるものが、教養に外ならないと私たちは考える。歴史とは何か、よく生きるとはいかなることか、世界そして人間はどこへ向かうべきなのか――こうした根源的な問いとの格闘が、文化と知の厚みを作り出し、個人と社会を支える基盤としての教養となった。まさにそのような教養への道案内こそ、岩波新書が創刊以来、追求してきたことである。

岩波新書は、日中戦争下の一九三八年一一月に赤版として創刊された。創刊の辞は、道義の精神に則らない日本の行動を憂慮し、批判的精神と良心的行動の欠如を戒めつつ、現代人の現代的教養を刊行の目的とする、と謳っている。以後、青版、黄版、新赤版と装いを改めながら、合計二五〇〇点余りを世に問うてきた。そして、いままた新赤版が一〇〇〇点を迎えたのを機に、人間の理性と良心への信頼を再確認し、それに裏打ちされた文化を培っていく決意を込めて、新しい装丁のもとに再出発したいと思う。一冊一冊から吹き出す新風が一人でも多くの読者の許に届くこと、そして希望ある時代への想像力を豊かにかき立てることを切に願う。

（二〇〇六年四月）

文学

武蔵野をよむ	赤坂憲雄
原民喜 死と愛と孤独の肖像	梯久美子
中原中也 沈黙の音楽	佐々木幹郎
戦争をよむ 70冊の小説案内	中川成美
夏目漱石と西田幾多郎	小林敏明
正岡子規 人生のことば	復本一郎
『レ・ミゼラブル』の世界	西永良成
北原白秋 言葉の魔術師	今野真二
文庫解説ワンダーランド	斎藤美奈子
俳句世がたり	小沢信男
漱石のこころ	赤木昭夫
夏目漱石	十川信介
村上春樹は、むずかしい	加藤典洋
「私」をつくる 近代小説の試み	安藤宏
現代秀歌	永田和宏
言葉と歩く日記	多和田葉子
近代秀歌	永田和宏
杜甫	川合康三
古典力	齋藤孝
食べるギリシア人	丹下和彦
和本のすすめ	中野三敏
老いの歌	小高賢
ラテンアメリカ十大小説	木村榮一
王朝文学の楽しみ	尾崎左永子
正岡子規 言葉と生きる	坪内稔典
文学フシギ帖	池内紀
ヴァレリー	清水徹
白楽天	川合康三
ぼくらの言葉塾	ねじめ正一
季語の誕生	宮坂静生
和歌とは何か	渡部泰明
小林多喜二	ノーマ・フィールド
いくさ物語の世界	日下力
漱石 母に愛されなかった子	三浦雅士
中国の五大小説 上 三国志演義・西遊記	井波律子
中国の五大小説 下 水滸伝・金瓶梅・紅楼夢	井波律子
中国名文選	興膳宏
小説の読み書き	佐藤正午
森鷗外 文化の翻訳者	長島要一
英語でよむ万葉集	リービ英雄
源氏物語の世界	日向一雅
花のある暮らし	栗田勇
読書力	齋藤孝
一億三千万人のための小説教室	高橋源一郎
ダルタニャンの生涯	佐藤賢一
花を旅する	栗田勇
一葉の四季	森まゆみ
西遊記	中野美代子
中国文章家列伝	井波律子
翻訳はいかにすべきか	柳瀬尚紀
太宰治	細谷博
隅田川の文学	久保田淳

岩波新書より

随筆

声優 声の職人	森川智之
作家的覚書	髙村薫
落語と歩く	田中敦
日本の一文30選	中村明
ナグネ 中国朝鮮族の友と日本	最相葉月
子どもと本	松岡享子
医学探偵の歴史事件簿 ファイル2	小長谷正明
里の時間	芥川仁 阿部直美
閉じる幸せ	残間里江子
女の一生	伊藤比呂美
仕事道楽 新版 スタジオジブリの現場	鈴木敏夫
医学探偵の歴史事件簿	小長谷正明
もっと面白い本	成毛眞
99歳一日一言	むのたけじ
土と生きる 循環農場から	小泉英政
なつかしい時間	長田弘
面白い本	成毛眞
百年の手紙	梯久美子
本へのとびら	宮崎駿
思い出袋	鶴見俊輔
活字たんけん隊	椎名誠
道楽三昧	小沢昭一 神崎宣武 聞き手
ブータンに魅せられて	今枝由郎
文章のみがき方	辰濃和男
悪あがきのすすめ	辛淑玉
水の道具誌	山口昌伴
スローライフ	筑紫哲也
怒りの方法	辛淑玉
伝言	永六輔
活字の海に寝ころんで	椎名誠
四国遍路	辰濃和男
嫁と姑	永六輔
親と子	永六輔
老人読書日記	新藤兼人
夫と妻	永六輔
商(あきんど)人	永六輔
活字博物誌	椎名誠
芸人	永六輔
現代人の作法	中野孝次
職人	永六輔
二度目の大往生	永六輔
あいまいな日本の私	大江健三郎
大往生	永六輔
文章の書き方	辰濃和男
白球礼讃 ベースボールよ永遠に	平出隆
ラグビー 荒ぶる魂	大西鉄之祐
活字のサーカス	椎名誠
新つけもの考	前田安彦
プロ野球審判の眼	島秀之助
マンボウ雑学記	北杜夫
東西書肆街考	脇村義太郎
アメリカ遊学記	都留重人
ヒマラヤ登攀史〔第二版〕	深田久弥

岩波新書より

続 羊の歌 わが回想	加藤周一
羊の歌 わが回想	加藤周一
知的生産の技術	梅棹忠夫
論文の書き方	清水幾太郎
本の中の世界	湯川秀樹
私の読書法	大内兵衛 茅誠司 他
一日一言 人類の知恵	桑原武夫編
モゴール族探検記	梅棹忠夫
インドで考えたこと	堀田善衞
ヒロシマ・ノート	大江健三郎
追われゆく坑夫たち	上野英信
抵抗の文学	加藤周一

岩波新書より

芸術

ベラスケス 宮廷のなかの革命者	大高保二郎
ヴェネツィア 美の都の一千年	宮下規久朗
丹下健三 戦後日本の構想者	豊川斎赫
学校で教えてくれない音楽	大友良英
中国絵画入門	宇佐美文理
瞽女うた	ジェラルド・グローマー
東北を聴く	佐々木幹郎
黙示録	岡田温司
ボブ・ディラン ロックの精霊	湯浅学
仏像の顔	清水眞澄
ヘタウマ文化論	山藤章二
小さな建築	隈研吾
デスマスク	岡田温司
コルトレーン ジャズの殉教者	藤岡靖洋
雅楽を聴く	寺内直子
歌謡曲	高護
四コマ漫画	清水勲
琵琶法師	兵藤裕己
歌舞伎の愉しみ方	山川静夫
自然な建築	隈研吾
肖像写真	多木浩二
東京遺産	森まゆみ
日本の色を染める	吉岡幸雄
プラハを歩く	田中充子
コーラスは楽しい	関屋晋
日本絵画のあそび	榊原悟
イギリス美術	高橋裕子
ぼくのマンガ人生	手塚治虫
日本の近代建築 上・下	藤森照信
千利休 無言の前衛	赤瀬川原平
やきもの文化史	三杉隆敏
色彩の科学	金子隆芳
歌右衛門の六十年	中村歌右衛門 山川静夫
フルトヴェングラー	脇圭平 芦津丈夫
楽譜の風景	岩城宏之
日本の耳	小倉朗
二十世紀の音楽	吉田秀和
写真の読みかた	名取洋之助
絵を描く子供たち	北川民次
名画を見る眼 正・続	高階秀爾
ギリシアの美術	澤柳大五郎
ヴァイオリン	無量塔蔵六
音楽の基礎	芥川也寸志
日本美の再発見〔増補改訳版〕	ブルーノ・タウト 篠田英雄訳
ミケルアンヂェロ	羽仁五郎

岩波新書より

宗教

初期仏教 ブッダの思想をたどる	馬場紀寿
内村鑑三 悲しみの使徒	若松英輔
パウロ 十字架の使徒	青野太潮
弘法大師空海と出会う	川﨑一洋
高野山	松長有慶
マルティン・ルター	徳善義和
教科書の中の宗教	藤原聖子
『教行信証』を読む 親鸞の世界へ	山折哲雄
国家神道と日本人	島薗進
聖書の読み方	大貫隆
寺よ、変われ	高橋卓志
親鸞をよむ	山折哲雄
日本宗教史	末木文美士
中世神話	山本ひろ子
法華経入門	菅野博史
イスラム教入門	中村廣治郎
ジャンヌ・ダルクと蓮如	大谷暢順
蓮如	五木寛之
キリスト教と笑い	宮田光雄
密教	松長有慶
仏教入門	三枝充悳
モーセ	浅野順一
イスラーム(回教)	蒲生礼一
背教者の系譜	武田清子
聖書入門	小塩力
イエスとその時代	荒井献
慰霊と招魂	村上重良
国家神道	村上重良
お経の話	渡辺照宏
日本の仏教	渡辺照宏
仏教〔第二版〕	渡辺照宏
チベット	多田等観
禅と日本文化	鈴木大拙 北川桃雄訳

心理・精神医学

モラルの起源	亀田達也
トラウマ	宮地尚子
自閉症スペクトラム障害	平岩幹男
自殺予防	高橋祥友
だます心 だまされる心	安斎育郎
痴呆を生きるということ	小澤勲
快適睡眠のすすめ	堀忠雄
精神病	笠原嘉
やさしさの精神病理	大平健
生涯発達の心理学	高橋惠子 波多野誼余夫
コンプレックス	河合隼雄

岩波新書より

教育

異才、発見！　伊藤史織
パブリック・スクール　新井潤美
新しい学力　齋藤孝
学びとは何か　今井むつみ
考え方の教室　齋藤孝
学校の戦後史　木村元
保育とは何か　近藤幹生
中学受験　横田増生
いじめ問題をどう克服するか　尾木直樹
教育委員会　新藤宗幸
先生！　池上彰編
教師が育つ条件　今津孝次郎
大学とは何か　吉見俊哉
赤ちゃんの不思議　開一夫
日本の教育格差　橘木俊詔
社会力を育てる　門脇厚司
子どもが育つ条件　柏木惠子
障害児教育を考える　茂木俊彦
誰のための「教育再生」か　藤田英典編
教育力　齋藤孝
思春期の危機をどう見るか　尾木直樹
学力を育てる　志水宏吉
幼児期　岡本夏木
教科書が危ない　入江曜子
「わかる」とは何か　長尾真
学力があぶない　大野晋・上野健爾
ワークショップ　中野民夫
子どもの危機をどう見るか　尾木直樹
子どもの社会力　門脇厚司
教育改革　藤田英典
ニューヨーク日本人教育事情　岡田光世
子どもとあそび　仙田満
子どもと学校　河合隼雄
教育とは何か　大田堯
からだ・演劇・教育　竹内敏晴
教育入門　堀尾輝久
子どもの宇宙　河合隼雄
子どもとことば　岡本夏木
自由と規律　池田潔
私は二歳　松田道雄
私は赤ちゃん　松田道雄
ある小学校長の回想　金沢嘉市

岩波新書より

福祉・医療

賢い患者　山口育子
ルポ 看護の質　小林美希
健康長寿のための医学　井村裕夫
不眠とうつ病　清水徹男
在宅介護　結城康博
和漢診療学 あたらしい漢方　寺澤捷年
不可能を可能に 点字の世界を駆けぬける　田中徹二
医と人間　井村裕夫編
医療の選択　桐野高明
納得の老後 日欧在宅ケア探訪　村上紀美子
移植医療　出河雅彦・橳島次郎
医学的根拠とは何か　津田敏秀
転倒予防　武藤芳照
看護の力　川嶋みどり
心の病 回復への道　野中猛
重い障害を生きるということ　髙谷清
肝臓病　渡辺純夫
感染症と文明　山本太郎
ルポ 認知症ケア最前線　佐藤幹夫
医の未来　矢﨑義雄編
パンデミックとたたかう　押谷仁・瀬名秀明
健康不安社会を生きる　飯島裕一編著
介護 現場からの検証　結城康博
腎臓病の話　椎貝達夫
がんとどう向き合うか　額田勲
がん緩和ケア最前線　坂井かをり
人はなぜ太るのか　岡田正彦
児童虐待　川﨑二三彦
生老病死を支える　方波見康雄
医療の値段　結城康博
認知症とは何か　小澤勲
障害者とスポーツ　高橋明
生体肝移植　後藤正治
放射線と健康　舘野之男
定常型社会 新しい「豊かさ」の構想　広井良典
健康ブームを問う　飯島裕一編著
血管の病気　田辺達三
医の現在　高久史麿編
日本の社会保障　広井良典
居住福祉　早川和男
高齢者医療と福祉　岡本祐三
看護 ベッドサイドの光景　増田れい子
医療の倫理　星野一正
体験ルポ 世界の高齢者福祉　山井和則
リハビリテーション　砂原茂一
指と耳で読む　本間一夫
自分たちで生命を守った村　菊地武雄

岩波新書／最新刊から

1781 **労働法入門 新版** 水町勇一郎著

働き方改革関連法の施行開始を受け、初版を改訂。「働き方改革」のポイントはもちろん、発展を続ける労働法の全体像がよくわかる。

1782 フォト・ドキュメンタリー **朝鮮に渡った「日本人妻」** ―60年の記憶― 林典子著

一九五九年から行われた在日朝鮮人らの「帰国事業」。夫に同行し今も北朝鮮に暮らす「日本人妻」たちは、何を考えているのか。

1783 **生きるための図書館** ―一人ひとりのために― 竹内悊著

地域で、学校で、今こそ必要とされる図書館。六〇年以上携わり、九〇歳を超えても発言を続ける著者が、希望に満ちた可能性を語る。

1771 シリーズ アメリカ合衆国史② **南北戦争の時代** 19世紀 貴堂嘉之著

未曾有の内戦が、この国を奴隷国家から移民国家に変貌させた。連邦を引き裂いた戦争の実態と国民の創造を軸に、一九世紀を描く。

1784 **虐待死** なぜ起きるのか、どう防ぐか 川﨑二三彦著

長年、児童相談所で虐待問題に取り組んできた著者が、多くの実例をもとに、様々な態様、発生要因を検証し、克服へ向け具体的に提言。

1785 **独ソ戦** 絶滅戦争の惨禍 大木毅著

「これは絶滅戦争なのだ」。ヒトラーがそう断言したとき、ドイツとソ連の血で血を洗う皆殺しの闘争が始まった。想像を絶する戦い。

1786 **モンテーニュ** 人生を旅するための7章 宮下志朗著

狂気の時代をしなやかに生きたモンテーニュのことばは、私たちの心深くに沁み入ってくる。「エッセイ」の生みの親の人生哲学。

1787 **リハビリ** 生きる力を引き出す 長谷川幹著

自分の秘められた力を自らが引き出し、歩く、話す、働くことが再びできるように……。四〇年間の地域での実践を、事例とともに綴る。

(2019.8)